KB142619

마녀 vs 마녀

마녀vs마녀
대한민국 진보정당 잔혹사

1판 1쇄 발행 2014년 12월 15일

지은이 박경순
펴낸이 김찬

펴낸곳 도서출판 아고라
출판등록 제2005-8호(2005년 2월 22일)
주소 경기도 파주시 가온로 256 1101동 302호
전화 031-948-0510
팩스 031-948-4018
홈페이지 www.agorabook.co.kr

ISBN 978-89-92055-49-9 03340

* 책값은 뒤표지에 있습니다.

대한민국 진보정당 잔혹사

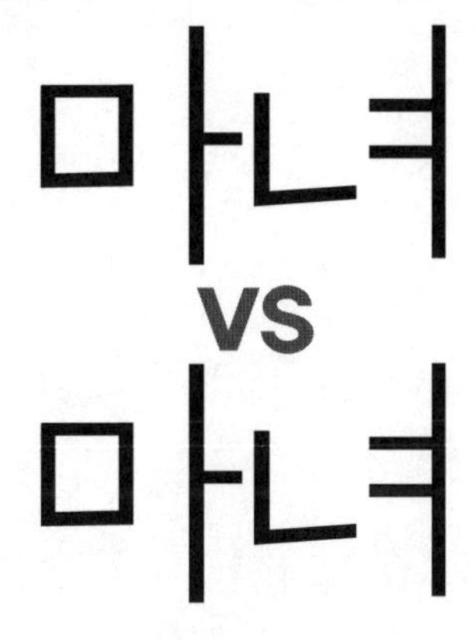

박경순 지음

AGORA

차례

| 프롤로그 |

2013헌다1—진보당을 해산하라!

2013년 11월 5일, 우리나라 헌정사상 초유의 사건이 발생했다. 대한민국의 한 정당을 해산시키라는 긴급 안건이 상정되고, 국무회의에서는 이를 일사천리로 심의한 후 해외 순방으로 인해 부재 중인 대통령의 전자 결재를 받아 헌법재판소에 접수한 것이다. 2013헌다1. 2013년에 접수된, 정당 해산심판의, 첫 번째 사례. 통합진보당 해산심판청구는 헌법재판소 창설 이후 최초로 벌어진 놀라운 사건이었다.

우리 헌정사에 기록될 초유의 사건은 이뿐만이 아니었다. 이미 국정원과 공안부는 국민의 대표인 국회의원이 내란음모를 꾸몄다는 혐의를 씌워 이석기 의원을 구속해 수사 중이었다. 이석기 의원이 이름도 혁명적인 RO(Revolution Organization)라는 조직을 만들어 1년에 한 번씩 비밀 회의를 가져왔고, 2013년 5월에는 합정동 마리스타 수도원에서 130명의 RO

조직원이 모여 내란을 모의했다는 것이 국정원의 주장이었다. 내란의 내용은 북한과의 전쟁이 임박했으니 전쟁이 일어나면 통신 시설과 유류 시설을 파괴하자, 그때를 대비해 비비탄 총과 수제 폭탄을 만들자는 것이었다고 한다.

이 허무맹랑한 내용에 대해 이석기 의원은 그런 사실이 전혀 없음을 밝히고 "혐의 내용 전체가 날조"이며 "진보 세력에 대한 탄압"일 뿐이라고 주장했으나, 법무부의 체포동의안 제출, 국회의원 과반수 찬성을 통해 이석기 의원은 신속히 수감되었다. 순식간에 이석기 의원과 통합진보당은 반란 세력으로 몰렸으며, 대다수 국민은 물론 좌파 세력들조차 통합진보당에게 돌을 던졌다. 그리고 결국 이것이 발단이 되어 법무부가 통합진보당을 해산시키라는 요구를 하게 된 것이다.

그런데 혹시 이 사건은 궁지에 몰린 정권이 사람들의 눈을 다른 데로 돌리기 위한 마녀 사냥은 아니었을까? 수세에 처한 정권이 희생양을 찾아 마녀로 만들어 대중들에게 뭇매를 때리도록 유도함으로써 정권의 위기를 돌파하는 것이야말로 보수 정권들이 쓰는 오래된 수법 아닌가.

이석기 의원 내란음모 사건이 터진 2013년 8월의 상황을 보자. 당시의 가장 큰 이슈는 '국정원 해체' 요구였다. 2012년 12월 대선이 국가권력을 동원한 조직적 부정 선거였음이 백일하에 드러났고, 그 주범이 국정원이었다는 것이 알려지면서 국민들의 분노는 하늘로 치솟았다. 국민들은 거리로 뛰쳐나왔고, '국정원 해체'를 외치는 국민들의 촛불이 서울광장에서 매주 활활 타올랐다. 서울광장으로 나온 시민들은 "국정원의 대선 개입을 용서할 수 없다. 유신의 망령이 등장했다. 정치에 개입할 수 없도록 국정원을 당장 해체해야 한다"고 요구했다. 해체 위기에 직면한 국정원은 위기 탈출용 희생양을 찾아야 했다. 그리고 그 대상이 바로 통합진보당이 아니었을까.

통합진보당에 대한 마녀 사냥에는 한국 정치의 구조적 취약성이 투영되어 있다. 이석기 의원 내란음모와 통합진보당 해산 문제에 접근할 때 '이들이 정말 마녀인가 아닌가'에 시선을 집중시키는 것, 바로 그것이 마녀 사냥을 기획한 집단이 노리는 바다. 내란음모 사건 이후 1년이 넘는 시간 동안 온 국민이 이석기 의원과 통합진보당이 마녀인가 아닌가에 관심을 집중시키는 동안, 그들은 자신들의 의도를 관철시킬 수 있었다.

국정원 해체를 요구하던 국민들의 목소리는 국가 전복 세력이 존재하는 상황에서 국정원의 정당성을 인정해야 한다는 목소리에 자리를 내주었으며, 지난 7·30 재보선에서는 여당이 압승을 하는 결과가 빚어졌다. 게다가 사람들은 보수 세력이 의도한 대로 통합진보당이 마녀인가 아닌가에 몰입되면서, '과연 우리 사회에 마녀가 얼마나 있을까, 혹시나 자신이 마녀는 아닐까' 하는 자기 검열의 덫에 걸렸다.

정치권에서는 통합진보당과는 연대를 하지 않을 것이라고 선언했다. 심지어 진보 세력조차도 통합진보당과의 선긋기에 여념이 없었다. 그 결과 야권의 힘은 약화되었으며, 민주·진보 세력들의 투쟁력은 반감되었다. 진보 세력의 힘이 약화되고 투쟁력이 급격히 떨어지자, 정치권 전체는 빠른 속도로 우경화·보수화되기 시작했다.

지금 벌어지고 있는 마녀 사냥의 진짜 피해자는 이석기 의원과 통합진보당이 아니다. 진짜 피해자는 우리 국민들이며, 한국 정치다.

이제 시선을 바꾸어야 할 때다. 통합진보당이 진짜 마녀일까 아닐까에 대한 관심에서 벗어나, 왜 2013년 한국 사회에 마녀가 필요했을까라는 물음에서부터 시작해야 진실에 다가설 수 있다. 그래야만이 누가 진짜 마녀인가를 밝힐 수 있다. 그때 우리는 비로소 자신의 내면에 감추어진 자기 검열의 덫을 벗어던지고, 새로운 희망을 찾을 수 있을 것이다. 그리고 이번 마녀 사냥에서 드러난 한국 정치의 구조적 취약성에 눈을 돌려야 한다. 그것은 곧 분단의 벽에 갇힌 한국 정당정치의 앙상한 몰골이다. '종북'이라는 몽둥이가 망나니 칼춤 추듯 날라리 춤을 추게 되면, '아! 뜨거' 하고 피하기에 여념이 없는 가련한 모습들을 냉정한 눈으로 성찰해야 한다.

이 책은 이석기 의원 내란음모 사건과 통합진보당 정당해산청구 사건이 21세기에 벌어진 시대착오적 마녀 사냥임을 고발한다. 이 사건의 본질과 배경을 철저히 분석하고, 그들 주장의 허구성을 낱낱이 밝히려 한다. 한국 사회의 정당민주주의와 진보정당의 상호관계를 밝혀, 통합진보당이 한국 정당민주주의 발전을 위해 꼭 필요한 정당이라는 점을 제시하려 한다. 통합진보당의 역사를 통해 한국 진보정당 운동의 현실을 진단하고 미래의 방향을 찾으려 한다.

1장
누가 진보당을 미워하는가

2014년 8월에 진행된 이석기 의원 내란음모 항소심 선고 공판에서 재판부는 "RO의 실체가 증명되지 않았으며 내란음모 혐의 또한 증거가 부족"하다며 내란음모에 대해 무죄를 선고했다. RO라는 조직과 RO 조직원 130명이 모여 내란을 모의한 것을 규명할 수 없다는 것이 이 판결의 핵심 요지다. 한마디로 이 사건이 국정원이 기획한 조작 사건임을 재판부가 인정한 것이다.

그렇다면 통합진보당이 내란음모를 꾸민 국회의원이 속한 국가 전복 세력이기에 해산시켜야 한다는 정당해산심판 청구 또한 법무부에서 취소해야 한다. 그러나 아직도 정당해산심판 청구 사건은 계속 진행 중이다. 이 두 사건을 기획한 자들에게는 진실이 아니라, 어떻게 해서든 통합진보당을 뿌리까지 도려내는 것만이 중요하기 때문이다. 대체 이들은 왜 이렇게 통합진보당을 미워하는 것일까?

이석기 의원 내란음모 사건과 통합진보당 정당해산심판 청구는 박근혜 정권의 유신부활 책동과 새누리당 영구집권 야욕의 산물이다. 유신부활을 통한 수구보수 영구집권의 꿈을 꾸고 있는 집권 세력에게 가장 큰 걸림돌은 다름 아닌 통합진보당이었다. 그것은 통합진보당이야말로 가장 철저한 민주주의 정당이며, 노동자·민중의 편에 서서 가장 비타협적으로 투쟁하는 정당이고, 분단 체제를 허물고자 하는 자주통일 정당이기 때문이다.

2010년 지방선거 이전까지는 합법 진보정당을 강제 해산시키려는 움직임은 없었다. 그때까지 보수 세력들은 진보정당을 야권을 분열시키는 수단이자, 진보 세력을 체제 안으로 끌어들이는 수단으로 삼았기 때문에 구태여 해산시킬 필요성을 느끼지 못했다. 그런데 2010년 지방선거를 거치면서 민주노동당을 그대로 둘 수 없다는 판단을 내리게 된다. 당시 민주노동당은 반한나라당 야권연대 노선을 확립하고, 야권연대를 주도했다. 이것은 그 이전 민주노동당에서는 볼 수 없었던 현상이었다. 애초 민주노동당의 기본 노선은 보수독점 정당 체제를 타파하고 보수와 진보의 경쟁적 정당 구조로 바꿔야 한다는 것이었다. 반한나라당, 비민주당 독자노선을 취하고 민주당과의 연대를 반대하는 정치 노선이었다. 비록 민주당이 한나라당보다는 비교적 개혁적이라 하더라도 계급적 성격에서는 동일하다고 보고 반한나라당 연대 노선을 반대했다. 여기에 그치지 않고, 민주당을 지지하고 있는 국민 대중들을 전취하기 위해 그들의 반민중성을 폭로하고 경쟁해야 한다는 민주당과의 경쟁 우선 노선을 취했다. 이러한 민주노동당의 노선은 야권 분열 전략에 악용될 수 있었고, 그러한 관계로 수구보수 정권은 합법적 진보정당을 용인해왔었다. 그런데 2009년 민주노동당이 정책 당대회를 통해 야권연대 노선을 채택하고, 2010년 지방선거에서 처음으로 이를 강력히 추진했다. 그 결과 2010년 지방선거에서 민주노동당은 기초단체장 4석, 광역의원 24석, 기초의원 115석을 차지하는 쾌거를 이룩했다. 또한 제1야당인 민주당이 수도권 단체장을 거의 싹쓸이하는 대승을 거두었다. 보수 세력은 이러한 상황을 방치할 경우 2012년 대선에서 다시 정권을 잡을 수 없으리라는 위기감에 빠져들었다. 수구보수 정권 재창출을 최고의 과제로 삼고 있는 그들에게 민주노동당은 더 이상 용납하면 안 되는 존재로 부각되었다. 2012년 정권 재창출을 위해서는 우선적으로 민주노동당 주도의 야권연대 노선을 좌절시켜야 했고, 궁극적으로는 민주노동당 자체를 정치권으로부터 퇴출시켜야 했다.

게다가 2010년 지방선거에서는 무상급식 문제가 선거의 핵심 쟁점으로 부상했다. 민주노동당은 복지담론을 정치권에 처음 제기했고, 이를 실현하기 위해 전당적으로 투쟁하면서, 복지담론을 지속적으로 주도해왔다. 2010년 지방선거 이후 민주노동당이 처음 제기했던 '무상교육, 무상의료, 부유세'가 전체 국민들의 중심적 요구로 부상했다. 재벌과 부자들의 정당인 한나라당으로서는 이러한 상황을 참을 수 없었는데, 그 선두에 얄밉기도 짝이 없는 민주노동당이 있었다. 민주노동당만 없었더라면 야권연대도 없었을 것이고, 복지담론도 없었을 것이라는 생각이 그들의 머릿속을 채우게 되었고, 결국 그들은 어떤 수단과 방법을 동원해서라도 민주노동당을 합법 정치무대에서 퇴출시켜야겠다고 결심하게 되었다. 그렇지 않으면 '재벌들과 부자들의 천국인 대한민국'이 무너질 수도 있으므로 대한민국을 지키기 위해서는 민주노동당을 없애야 한다는 소명의식까지 생겨났다.

이런 상황에서 민주노동당은 진보대통합 노선을 더욱 강력하게 추진해 2011년 12월 민주노동당, 참여당, 통합연대 3자연대를 통해 통합진보당을 창당했다. 통합진보당은 2012년 대선에서 진보적 정권 교체를 한다는 목표를 세우고, 이를 실현하기 위해 야권연대 노선에 총력을 기울였다. 또한 2012년 4월 총선에서 원내교섭단체를 실현하겠다고 선언했다. 통합진보당이 원내교섭단체를 구성한다면 한국 정당정치는 새로운 장을 열게 된다. 그것은 보수 일색의 정치 구조가 무너지고, 보수와 진보의 대결이 원내에서 펼쳐지는 새로운 진보정치의 장이 열리게 된다는 것을 뜻한다.

통합진보당의 탄생은 가깝게는 2012년 총선과 대선에서 집권 보수 세력의 재집권에 적신호가 켜진다는 것이며, 멀리는 한국 정당정치의 혁명적 상황이 펼쳐지게 된다는 것을 뜻했다. 자신들의 존립을 위해서라도 이제 더 이상 통합진보당의 존재를 묵인할 수 없게 된 보수 세력은 2010년부터 통합진보당 와해 공작을 준비하기 시작했다.

한편 통합진보당과 양립할 수 없는 존재는 국내에만 존재하는 것이 아니었다. 이석기 내란음모 사건과 통합진보당 해산심판 청구 사건에는 오바마 행정부의 아시아 회귀 전략(Pivoting to Asia)이 깊숙이 관련되어 있다. 이것은 얼핏 보기에 지나치게 억지스러운 주장처럼 보인다. 이러한 견해가 억지스럽게 보이는 것은 한국 정치학계에서 한국의 정당민주주의와 미국을 연결시켜 보는 것을 의도적으로 회피했기 때문이다. 그런데 사실 외교, 국방, 남북관계, 경제 정책 등 한국 정치의 핵심 영역에서 미국의 대한반도 정책이 결정적 변수로 작용해왔다는 것을 부인할 수 없다. 천안함 사건이 대표적인 예다. 당시 천안함 사건을 어떻게 규정하는가 하는 문제는 한국 정치 현실에서 매우 중요했다. 지방선거 직전에 터진 사건이었기 때문에 선거에 직접적 영향을 주는 것은 물론 남북관계와 한국 정치 전반의 중대한 분기점이었다. 그런데 천안함 사건을 북한의 소행으로 결론 내렸고, 여기에서 미국이 중요한 역할을 했다. 수없이 많은 의혹이 제기되었고, 북한이 일으킨 일이라는 확증도 없는 상황에서 북한의 소행으로 단정하는 모험을 한 것은 미국의 대한반도 전략과 깊숙이 연결되어 있기 때문이었다. 당시 미국은 세계 전략을 새롭게 세우는 중이었고, 아시아로의 회귀 전략을 모색하고 있던 상황이었다.

아시아 회귀 전략은 아시아 중시 정책, 아시아 재균형 정책이라고도 불리는데, 2001년 9·11 사태 이후 중동(Middle East)에 치중되어 있던 미국의 외교·안보 정책의 중심을 아시아 쪽으로 이동하겠다는 것이다. 미국이 이를 처음 밝힌 것은 2011년 11월 힐러리 미 국무장관이 《포린폴리시》에 쓴 「미국의 태평양세기」라는 글에서였다. 그리고 2012년 1월 5일, 오바마 대통령이 '아시아태평양에 대한 중시'(pivoting to Asian Pacific)를 골자로 한 신국방가이드라인을 발표하면서 공식적으로 천명되었다. 이날 미국 정부는 버락 오바마 대통령과 리언 파네타 국방장관이 참석한 가운데 국방부에서 기자회견을 갖고 '21세기 국방 우선순위'를 발표했다. 이 자리에서 오바마 대통령은 "미국은 아태 지역에서 존재를 강화할 것"이라며 "국방 예산 삭감에도 주요 지역(아태 지역)은 영향을 받지 않도록 할 것"이라고 밝혔다. 함께 배석한 파네타 국방장관은 전세계에 걸쳐 미군 주둔과 배치를 재편할 것이라면서 "아시아태평양 지역은 미국의 국익이 점증하는 곳인 만큼 이 지역에서의 미군의 중량감을 높이고 현재의 주둔과 전력투사, 억지력에 집중·강화할 것"이라고 설명했다. 또한 "북한의 도발을 막고 억지하기 위해 동맹국들과 지역 국가들과 협력함으로써 한반도 평화를 유지할 것"이라고 밝혔다.

오바마 행정부의 아시아 회귀 전략은 아시아태평양 지역의 전략적 중요성에 대한 새로운 판단에서 비롯되었다. 아시아, 특히 동아시아 지역의 가파른 경제 성장과 잠재력, 중국의 군사력 증강, 북한의 핵 문제, 동중국해(East China Sea)에서 벌어지고 있는 동아시아 국가들의 영토 분쟁 등이 미국의 국익을 증진시킬 수 있는 가장 중요한 기회이자 미국의 국익을 손상시킬 수 있는 위협이 될 수 있으므로, 긴급한 전략적 대응과 집중적 대응이 필요하다고 판단한 것이다. 하지만 가장 핵심적인 요인은 '중국의 부상'이었다. 중국은 2010년 미국에 이어 GDP 2위 국가로 부상했다. 중국의 부상은 아시아태평양 지역에 대한 미국의 국익에 치명적 타격을 줄 우려가 있다는 위기의식이 미 행정부 내에 퍼지면서 이에 대한 전략적 대응 차원에서 아시아 회귀 전략을 수립하게 된다. 여기에는 북한의 핵무장 국가로의 등장도 커다란 영향을 주었다. 오바마 행정부의 아시아 회귀 전략은 정치외교적 전략, 군사 전략, 경제 전략으로 짜여져 있다. 정치외교 전략은 미국의 대외정책의 초점을 아시아태평양 지역으로 옮기는 구상이며, 군사 전략은 중국을 군사적으로 포위

하며, 미국의 아시아태평양 지역에 대한 군사적 지배권을 유지하기 위해 한미일 삼각 군사동맹 체제를 강화·완성하고, 여기에 미일호주 군사동맹 체제를 결합해 한미일호주 사각 군사동맹 체제로 발전시키고, 필리핀과 베트남과의 군사 협력을 강화하는 것이 골자다. 여기에는 중동 지역에 있는 미국의 군사력을 아태 지역으로 이동시켜 아태 지역에 미국의 군사력의 60퍼센트를 배치하는 군사력 재배치 계획이 포함되어 있다. 경제 전략은 환태평양 경제동반자 협정(TPP) 체제를 구축하는 것으로 나타나고 있다. 이러한 미국의 전략에 따라 현재 군사력의 재배치 사업이 진행되고 있다.

오바마의 아시아 회귀 전략은 한국 정치에도 깊숙이 영향을 미치고 있다. 오바마 행정부의 아시아 회귀 전략에 따라 대한반도 정책도 재검토하게 되었는데, 비핵화·비확산 전략이 후순위로 밀리고, 한미일 삼각 군사동맹 강화 전략이 최우선순위가 되었다. 이에 따라 한미 군사동맹 강화와 한일 군사협력 체제 구축을 긴급한 당면 과제로 내세우고, 여기에 힘을 집중하고 있다. 이를 위해 미국으로서는 한미 군사동맹 강화 노선에 부정적 상황이 초래되지 않도록 한국 정치 상황을 관리해야 하는데, 그게 쉽지 않다는 것이 문제였다. 6·15 공동선언 이후 한국 민중들 사이에서 남북 화해협력과 평화적 자주·통일의식이 확산되었고, 종속적 한미 군사동맹에 대한 비판의식도 강해졌다. 그 결과 노무현 정권 시기에 전시작전지휘권 반환 협상이 마무리되었으나, 이명박 정권에서는 전시작전지휘권 반환 시기 연장 문제가 협의되어 2012년에서 2015년으로 미뤄졌다. 전시작전지휘권 반환은 종속적 한미 군사동맹 체제를 바꾸는 데까지 나갈 수는 없으나, 그것을 약화시키는 요소로 작용할 것은 분명하다. 특히 전시작전지휘권이 반환된 후 한미 군사동맹에 비판적인 정권이 들어서거나, 반미자주화 투쟁이 격화될 경우 미국의 대한반도 정책이 심각하게 훼손될 수밖에 없고, 이것은 미국의 아시아 회귀 전략에 결정적인 타격을 입힐 수밖에 없다.

그렇기 때문에 미국으로서는 한국 정치 상황을 자신들에게 유리하게 관리해야 할 필요가 그 어느 때보다 중요하다. 그것은 한미 군사동맹에 사활을 걸고 있는 수구보수 정치 세력들이 안정적으로 집권할 수 있어야 한다는 것이다. 또한 한국 정치권 내에서 종속적 한미동맹에 문제를 제기하고, 남북 화해협력과 자주통일을 적극 옹호하는 세력들을 정치권 밖으로 퇴출시켜야 한다는 것이다. 그 퇴출 대상이 바로 민주노동당이었다. 이를 통해서 친미 보수독점적 정치 체제를 안정적으로 구축하는 것, 이것이 대한반도 정책의 중심 목표로 제시되었다. 이 점에서 한국의 수구보수정치 세력과 미국의 이해관계가 맞아떨어진 것이다.

이명박 정권은 공안 세력을 앞세워 통합진보당 와해 공작을 펼치기 시작했다. 1단계는 통합진보당 분열·와해 전략으로, 통합진보당 내부의 분열을 부추겨 통합진보당의 힘을 약화시키고 대중들로부터 고립시키는 것이었다. 그들은 덫을 쳐놓고 기회를 노렸다. 당시 야권에서는 야권후보 단일화를 위해 전화 여론조사 방식을 이용하고 있었다. 이 방식은 말도 많고 탈도 많은 경선 방식이었으나, 다른 대안이 없었다. 전화 여론조사 시 각 후보 진영은 승리를 위해 온갖 편법을 동원했고, 그러다 보니 온갖 잡음이 끊이지 않았다. 공안 세력들은 이러한 약점을 잘 알고 있었고, 기회를 노렸다.

그 덫에 통합진보당의 이정희 대표가 걸려들었다. 당시 이정희 대표는 야권연대 협상에서 무경선 전략후보로 제안되었지만, 당당히 경선을 치르겠다고 스스로 자원해 민주당 후보와 경선을 치르게 됐다. 처음에는 민주당 후보의 우세가 점쳐졌으나 예상을 깨고 이정희 대표가 경선에서 승리했다. 그러자 민주당 후보 측에서 전화 여론조사 방식의 문제점을 제기했고, 부정경선이 아니냐는 논란이 확산되었다. 공안 세력들은 이 기회를 놓치지 않고 조중동을 비롯한 수구언론을 앞세워 대대적인 종북 공세와 부정경선 문제를 교묘히 결합한 통합진보당 죽이기에 나섰다. 공안 세력들의 농간을 간파한 이정희 대표는 국회의원 후보에서 사퇴하였고, 이상규 당시 통합진보당 서울시당 위원장이 관악을 야권 단일후보로 출마해 당선되었다. 하지만 이 사건으로 야권연대에 대한 부정적 여론이 확대되고, 통합진보당은 종북 세력으로 몰렸다.

종북 공세에 겁을 먹은 민주당은 통합진보당과의 야권연대에 소극적인 태도로 바뀌었다. 2012년 총선 야권연대는 후보 단일화에는 성공했지만, 야권연대의 대중적 힘을 발휘하는 데는 실패했다. 그 결과 야권은 총선에서 과반수 의석을 차지하는 데 실패했고, 통합진보당 역시 원내교섭단체를 이루겠다는 목표를 달성하지 못했다. 이로써 공안 세력의 1차 목표는 성공했다.

하지만 대선을 코앞에 둔 집권 수구 세력들은 통합진보당 와해 공작을 멈추지 않고, 더더욱 본격적으로 추진하게 된다. 그들은 통합 이후 각 세력 사이에 조성된 알력과 불만을 이용하는 수법을 활용했다. 불만을 가진 일부 지도부들에 대한 이간질이 시작된 것이다. '통합진보당은 얼마 못 간다, 곧 있으면 어마어마한 간첩 사건이 터진다'는 유언비어를 유포해 불안감을 조성하고, 그들을 충동질해 비례대표 경선 부정 문제를 대대적으로 떠들게 만들었다. 결국 2012년 5월 통합진보당 분당 사태가 터지게 됐다.

조중동 신문지상에는 연일 경기동부연합의 실체에 대한 근거 없는 폭로와 비방이 도배질되었다. 전국연합의 지역 조직 중 하나인 경기동부연합에 대한 추정과 예단, 근거 없는 소문이 사실인 양 난무했고, 경기동부연합 세력은 마녀로 낙인찍히는 외에 아무런 항변도 할 수 없었다. 도대체 비례대표 경선 부정 문제와 종북 문제가 어떤 연관관계가 있다고 그런 종북 소동을 벌였단 말인가? 그 뒤 밝혀진 사실에 의하면 비례대표 경선 부정의 주범들은 비례대표 경선 부정 문제를 쟁점화하고 주도했던 그들 자신들임이 검찰 조사와 재판 결과에 의해 밝혀졌다. 범죄를 저지른 자들이 죄없는 자에게 죄를 뒤집어씌우는 전형적인 수법이 동원되었다. 그들은 자신들이 비례대표 경선에서 부정을 저질렀기 때문에 총체적 부정·부실 선거라는 확신을 가졌던 것이며, 스스로의 죄를 고백하는 대신 상대방을 죄인으로 몰아세우는 패륜을 자행한 것이다. 하지만 국민 여론은 조중동과 공안 세력들이 주도하는 종북 소동에 짓눌려 사태를 올바로 바라볼 수 없었으며, 종북 매카시즘이 한국 정치 사회를 지배하는 중심 담론으로 자리 잡게 되었다. 통합진보당은 국민 대중들로부터 뭇매를 맞았으며, 이석기 의원이 대표적인 표적으로 내몰리게 됐다. 통합진보당 와해 공작은 보기 좋게 성공했고, 수구보수 정권은 정권 재창출에 성공했다.

하지만 통합진보당은 죽지 않았다. 최악의 조건에서도 불굴의 의지와 당원들의 단결된 힘으로 당 사수를 위한 헌신적이고 희생적인 투쟁을 펼쳐갔다. 다른 당이면 천 번이라도 고꾸라졌을 법한데도 오뚜기처럼 일어서는 괴력을 지닌 통합진보당은 박근혜 정권 등장 이후 6월에 광주에서 정책 당대회를 개최했고, 여기에 6,000여 명의 당원이 참여하는 대성황을 이루었다. 정책 당대회에서 자주의 기치를 전면에 들고 분단 체제를 분쇄해나가기 위한 투쟁을 전개할 것을 결의했고, 당력은 다시 되살아나기 시작했다. 이어서 국민 대중과 함께 국정원 해체 투쟁에 앞장서기 시작했다. 2013년 몹시도 뜨거운 여름, 통합진보당은 국정원에 의한 대선 부정 사건을 파헤치기 위해 뛰어다녔고, 국민들의 원성의 대상이었던 국정원을 해체하기 위한 투쟁에 자신을 내던졌다. 청계광장에 천막당사를 설치하고, 지도부부터 평당원에 이르기까지 전당원이 똘똘 뭉쳐 아스팔트 위에서 밤낮을 지새웠다. '국민과 함께하는 국정조사'의 기치를 내걸고 정당연설회와 대중실천을 전개하였으며, CCTV 영상을 분석해 새로운 사실을 폭로하는 등 국정조사 정국에서 야당다운 야당, 진보정당으로서의 역할을 유감 없이 발휘했다. 통합진보당의 헌신적인 투쟁을 보며 떠났던 민심이 되돌아오기 시작했다. 통합진보당의 정당지지율이 재상승하기 시작했으며, 이정희 대표의 정치적 영향력이 급속히 확대되기 시작했다. 통합진보당은 일단 재기의 발판을 마련하는 데 성공하는 듯했다. 바로 이때 이석기 의원 내란음모 사건이 터진 것이다. 이석기 의원 내란음모 사건은 통합진보당 와해 전략 2단계 시작의 신호탄이었다.

국정원은 2013년 8월 28일 '내란음모' 혐의의 영장을 제시하고 이석기 의원실을 압수수색하고, 관련자 3명을 체포하는 폭거를 감행했다. 형법 87조에 규정된 내란죄는 국토를 갈라놓거나 국헌을 문란할 목적으로 폭동을 일으키는 것을 뜻한다. 여기에서 국헌문란은 '법적 절차 없이 법의 기능을 무력화시키는 것' 또는 '강압적으로 국가기관을 전복시키거나 권한 행사를 하지 못하도록 하는 것'이다. 아울러 이러한 내란을 예비하거나 음모한 경우에도 최소 징역 3년 이상에 처하도록 규정되어 있다. 검찰이 지금까지 내란죄를 직접 적용해 기소한 경우는 전두환, 노태우, 김대중 전 대통령 세 차례뿐인데, 그 중 김대중 전 대통령은 재심을 통해 무죄를 선고받았다. 또한 박정희 유신독재 정권 시절엔 '인혁당 사건', '서울대생 내란예비음모 사건' 등에 내란 관련 혐의가 다수 적용된 바 있는데, 최근 재심에서 모두 무죄판결이 내려졌다.

이석기 의원에게 내란음모죄가 적용된 이유로 국정원 측이 제시한 영장에는 이석기 의원이 RO를 만들어 2013년 5월 12일 약 130명이 참석한 모임에서 내란을 선동하고 모의했다는 혐의가 적시되어 있었다. 국정원은 이 모임에서 한 발언들을 녹취록으로 확보하고 있다고 밝혔다. 또한 국정원이 제시한 수색영장에는 '내란', '통신파괴', '인명살상' 등의 낱말도 적혀 있었다. 국정원은 2008년부터 이 의원 등 이른바 '경기동부연합'과 통합진보당 관계자들의 활동을 주시하면서 물밑에서 내사를 벌여온 것으로 알려졌다.

국정원의 이석기 의원에 대한 체포와 압수수색영장 발부에 대해 통합진보당은 "부정선거의 실체가 드러남에 따라 초유의 위기에 몰린 청와대와 해체 직전의 국정원이 유신시대의 용공조작극을 21세기에 벌이고 있다. 국정원의 범죄에 대한 진실이 드러나고 박근혜 대통령이 책임지라는 '촛불의 저항'이 거세지자 촛불시위를 잠재우려는 공안탄압"이라고 강력 반발했고, 민주노총 등은 공동대책위를 만들어 대응하기로 결의했다. 이석기 의원 내란음모 사건에 대해 국제적 반응도 즉각적으로 나타났다. 《뉴욕타임스》는 2013년 8월 28일(현지 시각)자 인터넷판을 통해 "박정희 전 대통령 시대, 반체제 인사들은 현재 이석기 의원과 비슷한 종류의 혐의로 적절한 재판도 없이 고문당하고 때론 처형당했다"고 지적하면서 이석기 의원 내란음모 사건을 유신시대 정치적 반대자들에 대한 탄압과 비교해 보도했다. 이 신문은 "좌파 지도자들, 남한 정부 전복 시도 혐의"라는 제목의 기사에서 통합진보당에 대한 압수수색을 "매우 이례적인 급습"이라고 표현하며 "국내 정치에 개입한 혐의로 이미 충격을 준 유력한 국가정보기관이 다시 한국에 정치적 폭풍을 촉발시켰다"고 분석했다. 또 "박근혜 대통령의 보수 정부가 국정원이 연루된 (대선 개입) 스캔들로부터 관심을 돌리기 위해 마녀사냥에 기대고 있다"는 한국 야당 의원들의 주장을 덧붙이기도 했다.

검찰은 2013년 9월 26일 수원지법에 이석기 의원에 대한 공소장을 제출했는데, 적용된 혐의는 형법상 내란음모 및 선동, 국가보안법상 찬양고무(이적동조) 등이었다. 이에 대해 《한겨레》는 "검찰이 이석기 의원 등 통합진보당 간부 4명을 내란음모와 선동 등의 혐의로 구속기소했다. 검찰의 설명자료를 보니, 국가정보원이 2010년부터 3년이나 수사했다면서도 이미 언론에 공개된 녹취록 말고는 별다른 추가 증거를 확보하지 못한 모양이다. 내란음모죄 적용의 적절성을 둘러싼 그간의 논란에 비춰보면 과연 법정에서 공소 유지가 가능할지 의문이다. 국정원의 공안몰이에 검찰마저 들러리를 선 인상이 짙다"고 평가했다.

이석기 내란음모 사건으로 여론몰이에 열중하던 박근혜 정권은 2013년 9월 6일 통합진보당에 대한 정당해산 청구에 대해 헌법재판소에 제소 여부를 검토할 것이며, 이를 위한 태스크포스(TF) 팀을 꾸렸다고 언론에 공표했다. 법무부 차관직속으로 '위헌 정당·단체 관련 TF'(팀장 : 정점식 서울고검 공판부장)를 구성하고, 부장검사 1명과 평검사 2명을 상임으로 배치했다. 법무부는 "자유민주적 기본 질서를 위해하는 정당 및 단체와 관련된 제반 문제를 검토하고 대책을 마련할 계획"이라고 TF 구성 배경을 설명했다. 법무부의 신속한 행동은 통합진보당 해체 공작이 권력 내부에서 깊숙이 논의되었으며, 미리 짜둔 각본에 따라 움직이고 있음을 잘 보여주는 것이었다. 상식적으로 보면 이석기 의원 내란음모 사건이 법적으로 마무리된 후 재판 결과를 보고 정당해산 청구 여부를 결정하는 게 맞다. 그런데 사건의 진실이 드러나지도 않은 상태에서 통합진보당을 위헌 정당으로 규정하고 해산청구를 하려고 획책하는 것은 각본대로 움직이고 있다는 것을 스스로 고백한 것이다.

박근혜 정권은 2013년 11월 5일 정홍원 국무총리 주재로 국무회의를 열고 긴급안건으로 상정된 '위헌 정당 해산심판 청구의 건'을 심의, 의결했다. 정당해산심판 청구는 정당 민주주의의 운명에 관련된 국가의 중대 사안이다. 이런 중대 사안을 대통령이 외유 중인 때에 국무총리 주재의 국무회의에서 기습적으로 의결한 것이다. 법무부는 곧바로 통합진보당 해산심판 청구서를 헌법재판소에 제출했다. 헌재 관계자는 이날 "오늘 오전 11시 57분께 통합진보당 해산심판 청구와 정당 활동 정지 가처분 신청이 헌재에 정식 접수됐다"고 밝혔다. 청구 취지에는 진보당 의원직 자격 상실 요구 내용도 포함됐다. 이 사건을 담당하고 있는 '위헌 정당·단체 관련 대책 TF'는 같은 날 서울고검 브리핑에서 "진보당이 당 차원에서 북한과 연계된 활동을 했다고 판단했다"며 "헌재 심판 과정에서 이를 충분히 입증할 수 있다"고 자신만만하게 밝혔다. 정당해산심판 청구서에 기재된 청구 취지는 "1. 통합진보당은 해산한다. 2. 통합진보당 소속 국회의원들은 그 직을 상실한다. 라는 결정을 구합니다"이다. 법무부는 이와 함께 통합진보당 해산 가처분신청을 동시에 제출했다.

이에 대해 통합진보당은 "헌법을 정면으로 위반하고 민주주의를 파괴하는 것"이라고 강력 규탄했다. 이정희 대표는 이날 당사에서 열린 의원총회에서 "헌정사상 유례 없는 정당해산이란 사문화 법조문을 들고 나와 진보당을 제거하려는 것은 우리나라 민주주의 발전의 역사를 유신시대로 되돌리려는 것"이며, "박근혜 대통령은 독재자 박정희 전 대통령의 유신망령을 불러들여 이 땅의 민주주의를 압살하고 정의를 난도질하고 있다"고 주장했다. 또한 "무차별적인 종북공세와 내란음모 조작에 해산 시도로까지 이어지는 시도는 정통성 없는 정권, 부정으로 잡은 권력에 대한 국민의 비난을 잠재우려는 것"이라고 규탄하였고, "(이는) 진보당 탄압에 머무르는 것이 아니라 민주주의에 대한 파괴 행위이고 깨어 있는 시민에 대한 전면전 선포"라며 "정권 몰락은 필연적"인 일이라고 말했다.

민주노총, 참여연대 등 시민단체 59개는 2013년 11월 6일 오전 서울 중구 민주노총 대회의실에서 기자회견을 열고 통합진보당 해산심판 청구안 의결을 전면 취소하라고 요구했다. 시민단체들은 이 기자회견에서 "정부는 헌정사상 초유의 일을 다루면서 여론 수렴이나 공론화 과정을 거치지 않았고 국무회의에서도 청구안이 긴급 안건으로 몰래 상정·의결

됐다"며 "이는 헌법과 법률에 반하는 불법적인 행위인 만큼 전면 무효"라고 지적했다. 또 "정부는 국정원의 대선 개입 사건에 대해서는 무죄 추정의 원칙을 주장해놓고 진보당 이석기 의원의 내란음모 혐의는 유죄로 단정, 정당 해산의 근거로 내세우고 있다"며 "이는 진보당 해산심판 청구안이 정치 보복임을 입증하는 것"이라고 비판했다.

2장
진보당 탄압은 정당한가

법무부는 2013년 11월 5일 통합진보당 정당해산심판 청구서를 헌법재판소에 제출했다. 그때 법무부가 제출한 정당해산심판 청구의 요지는 다음과 같다.

▶정부는 통합진보당의 목적과 활동이 민주적 기본 질서에 위배된다고 판단하여, 금일 2013년도 제47회 국무회의의 심의·의결을 거쳐 헌법재판소에 통합진보당에 대한 정당해산심판을 청구하였습니다.

▶통합진보당의 전신인 민주노동당은 2000년 1월 민노총이 중심이 되어 창당되었으나, 민족해방을 주장하는 NL계열이 입당하여 당권을 장악한 후 종북 성향 논란으로 두 차례에 걸쳐 분당을 거쳐 오늘날에 이르게 된 것으로, 현재는 종

북 성향의 순수 NL계열로 구성된 상태입니다.

▶통합진보당의 목적은 민주적 기본 질서에 위배된다고 판단되는 바,

—최고 이념인 '진보적 민주주의'는 과거 김일성이 주장하여 북한의 소위 건국 이념이 된 것으로, 우리나라가 미국에 예속된 식민지이고, 소수 특권계급이 주인 행세를 하는 거꾸로 된 사회라고 하면서 우리 사회의 근본적 변화를 도모하는 이념으로, 궁극적으로 사회주의를 추구하는 이념이고,

—민중주권주의는 진보적 민주주의를 정치·사회적 측면에서 실현하기 위하여 강령에 도입된 것으로, '일하는 사람이 주인된 세상'을 목표로 하여 소위 특권계층의 주권을 박탈하고 '일하는 사람'인 '민중'만이 주권을 가지는 사회를 추구한다는 개념이므로, 모든 국민이 주권을 가진다는 '국민주권주의'에 반하는 것입니다.

▶통합진보당의 활동 역시 민주적 기본 질서에 위배된다고 판단되는 바,

—북한의 대남혁명론을 추종하는 '강온양면' 전술에 따라 혁명의 결정적 시기가 도래하면 무력에 의한 혁명을 추구하고, 그 전의 준비기 동안에는 대중정당을 통한 반국가활동 등에 의하여 혁명역량을 강화하는 것을 도모하고 있으며,

—이석기 등이 관여한 RO 조직의 내란음모 선동행위와 일심회 간첩단 사건 등 각종 반국가활동은 위와 같은 전술에 따라 이루어진 것으로 우리나라 체제를 파괴하려는 활동이므로 자유민주적 기본 질서에 반하고,

—국회를 '혁명의 교두보', 선거를 '투쟁'으로 인식함에 따라 비례대표 부정 경선 등으로 민주적 선거제도를 부정하고, 국회 본회의장 최류탄 투척, 5·12 중앙위원회 집단 폭력 등으로 의회주의 원칙과 정당민주주의에 반하는 활동을 하였습니다.

▶무엇보다 통합진보당은 민주노동당 시절부터 창당 및 NL계열의 입당 과정, 강령 개정 및 3당 합당 등의 과정에 있어 북한 지령에 의해 북한과 연계되어온 사실이 확인되어, 존치할 경우 북한과 함께 우리나라의 존립을 위태롭게 할 우려가 상당히 높습니다.

▶이에 통합진보당에 대한 해산심판 및 소속 국회의원에 대한 의원직 상실선고를 청구하고,

—위헌적 활동 계속으로 인한 자유민주적 기본 질서 침해를 방치할 급박한 필요성에 따라 정당 보조금 수령을 비롯한 각종 정당활동 정지가처분도 신청하였습니다.

그렇다면 위의 내용을 바탕으로 하여 통합진보당이 과연 사라져야만 할 정당인지 살펴보도록 하자.

누가 위헌 세력인가?

현재 대한민국의 헌법은 87년 6월 민주항쟁과 7~9월 노동자대투쟁의 성과가 반영된 것으로, 그 핵심 가치는 군부독재시대, 정보공작정치시대, 반공·반북대결시대, 정경유착시대를 끝내고, 정당민주주의 실현, 노동권의 보장, 평화적 통일 실현, 민주주의 기본권 보장, 경제민주화 구현을 통해 국민이 참주인이 되는 새로운 민주주의 국가를 만들어나가자는 것이다. 이것이 광주민중항쟁과 87년 6월 민주항쟁, 7~9월 노동자대투쟁을 통해 이 땅의 민중들이 절절히 외친 목소리이며, 이 목소리를 담아낸 것이 현행 대한민국 헌법이다.

헌법 전문을 살펴보면 "유구한 역사와 전통에 빛나는 우리 대한국민은 3·1 운동으로 건립된 대한민국 임시정부의 법통과 불의에 항거한 4·19 민주이념을 계승하고, 조국의 민주개혁과 평화적 통일의 사명에 입각하여 정의·인도와 동포애로써 민족의 단결을 공고히 하고, 모든 사회적 폐습과 불의를 타파하며, 자율과 조화를 바탕으로 자유민주적 기본질서를 더욱 확고히 하여 정치·경제·사회·문화의 모든 영역에 있어서 각인의 기회를 균등히 하고"라고 밝혀져 있다.

여기에 담겨 있는 헌법 정신과 가치는 무엇인가? 3·1 운동의 정신, 4·19 민주이념이 바로 대한민국 헌법의 기본 정신이고, 조국의 민주개혁과 평화적 통일의 사명이 기본 가치다. '민주개혁'과 '평화적 통일'을 함께 헌법적 사명으로 제시한 것은 대한민국 헌법 역사상 최초이며, 이것은 87년 민주항쟁에서 표출된 국민들의 요구와 열망을 헌법적 가치로 옮겨놓은 것이다. 대한민국 헌법에서 추구하는 핵심 목표는 3·1 운동과 4·19 민주이념의 정신에 기초해서 조국의 민주개혁과 평화적 통일을 실현하는 것으로 요약된다. 3·1 운동과 4·19 민주이념의 정신은 '민족 자주'와 '민주주의'다. 이 정신에 기초해 독재 체제를 청산하고 사회 전반에서 민주주의를 정착시키는 민주개혁을 실현해나가고, 반공·반북 대결시대를 청산하고 평화적 통일시대를 열어나가자는 것이 현행 헌법의 핵심이다.

특히 우리 헌법의 가장 두드러진 특징은 평화적 통일을 헌법 정신으로 내세웠을 뿐만 아니라, 헌법 본문에도 따로 조항을 만들어 명시해놓았다는 점이다. 헌법 제4조는 "대한민국은 통일을 지향하며, 자유민주적 기본 질서에 입각한 평화적 통일 정책을 수립하고 이를 추진한다"고 명문화해놓았다. 이 조항의 의미를 이해하려면 이승만이 북진통일론을 주장했음을 먼저 떠올려야 한다. 이승만은 평화적 통일이 아니라 북진통일을 해야 한다고 주장했다. 반면 조봉암이 창당한 진보당은 평화적 통일을 주창했는데, 이것이 북한이 원하는 통일 방식이라 하여 정부는 조봉암을 사형에 처하고 진보당을 강제 해산시켰다.

평화적 통일은 남과 북이 서로를 인정하고 존중하며, 교류·협력·화해를 통해 공존·공영하면서 통일을 실현하는 것을 말하며, 북진통일론이나 적화통일론과는 반대된다. 평화적 통일론은 상호 체제 인정 통일론이다. 서로의 체제와 제도를 인정하지 않고 평화적으로 통일한다는 것은 불가능하며, 그것은 헌법에서 제시한 평화적 통일과 모순된다. 평화적 통일을 적극적으로 추진하지 않는 것은 헌법 정신과 의무를 저버리는 반헌법적 행위다. 헌법 제4조는 헌법이 정부에게 부여한 의무다. 그래서 모든 대통령들은 대통령 취임 시 평화적 통일을 추진하겠다는 선서를 한다. 평화적 통일은 상대방의 체제와 제도를 인정하는 통일이며, 그것은 흡수통일이 아니라는 점에서 볼 때 필연적으로 연방제 방식의 통일로 귀결될 수밖에 없으며, 중단기적·과도기적으로 연합제 방식의 단계를 설정할 수 있다. 일부에서는 '자유민주적 기본 질서에 입각한 평화적 통일 정책'을 해석함에 있어서 북한 체제를 자유민주적 질서로 재편하는 것을 의미한다고 해석하는데, 이것은 평화적 통일이라는 원칙과 모순·대립·충돌한다. 따라서 이 조항은 첫째 대한민국의 현행 체제(자유민주적 기본 질서)를 인정하고 그것을 훼손하지 않는 조건하에서 통일을 추진해나가야 하며, 둘째 통일을 추진하는 과정에서 자유민주적 기본 질서에 입각한 민주주의적 방식으로 추진해나가야 한다는 것을 의미하는 것으로 해석하는 게 옳다. 북한 체제까지 자유민주적 기본 질서로 바꾸는 것으로 확장하는 것은 헌법 정신에 위배된다.

현행 헌법에 따르면 평화적 통일은 헌법적 사명이다. 대한민국의 모든 대통령과 국가기관은 헌법적 사명을 반드시 따라야 할 책무를 갖고 있다. 평화적 통일 사명은 이승만식 북진통일이나 이의 변종인 흡수통일을 반대하고, 남북 교류와 화해협력, 대화와 협상을 통해 공존공영의 평화통일을 실현하도록 규정하고 있다. 따라서 북진통일이나 흡수통일은 헌법 정신과 가치를 난폭하게 유린하는 행위다. 그렇다면 왜 대한민국 헌법은 평화적 통일을 조국의 민주적 개혁과 나란히 가장 핵심적인 헌법적 사명으로 규정해놓았을까? 그것은 민주개혁과 평화적 통일은 결코 둘이 아니고 하나이기 때문이다.

사실 군부독재 체제와 반공·반북 체제는 쌍생아다. 그 어느 것 하나만 해결할 수 없다는 것이 한국 현대사의 피의 교훈이다. 반민주 독재 세력들은 친일 세력들이며, 반공·반북 세력들이다. 이들은 반공·반북을 내세워 민주주의를 유린하고 특권 체제, 독재 체제를 유지해왔다. 독재 세력들이 전가의 보도로 내세우는 반공이라는 이름하에, 민주주의가 파괴되어왔다. 반공의 이름으로 수많은 사람들이 목숨을 잃고, 감옥에 갔고, 언로가 막히고, 정당민주주의가 파괴되고, 자본주의의 건강한 발전이 이루어지지 못했다. 이것이 우리의 현대사였다. 이것으로 볼 때 반공·반북 대결 체제, 분단 체제를 그대로 둔 채 민주주의를 꿈꿀 수 없다는 것이 명백하다. 민주주의를 위해 투쟁해온 수많은 사람들이 반공이라는 이름으로 감옥에 가고, 형장에서 사라졌다. 이러한 피의 역사를 되풀이하지 않고 이 땅의 민주주의를 꽃피우려면 분단 체제를 허물고 평화적 통일을 실현해야 한다는 것, 이것이 민주화 투쟁의 역사적 교훈이었다. 이 땅의 민중들은 6월 항쟁과 7~9월 노동자대투쟁을 통해 군부독재 세력의 항복을 받아내고, 87년 민주헌법을 쟁취해냈다. 그리고 민주개혁과 평화적 통일이라는 역사적 사명을 헌법화하는 데 성공했다. 바로 이것이 87년 대한민국 헌법에 '조국의 민주적 개혁과 평화적 통일의 사명'이 명문화된 과정이다. 그러므로 '민주개혁'과 '평화적 통일'은 현재 대한민국 헌법의 최고 가치라고 봐도 무방하다.

이러한 헌법적 가치와 정신에 비추어볼 때 도대체 누가 위헌적 세력인가? 87년 민주헌법 탄생 과정에서 헌신적으로 싸우고, 헌법 정신을 계승·발전시켜나가려는 통합진보당이 위헌적 세력인가? 아니면 12·12 내란죄를 범하였으며

87년 민주헌법 탄생에 저항했던 자들로서, 헌법 정신을 부정하고 독재 체제로 되돌아가려는 현 집권 세력이 위헌적 세력인가?

통합진보당은 현행 대한민국 헌법 정신의 모체인 3·1 운동의 정신을 계승하며 민족자주의 기치를 들고, 87년 헌법이 기본 사명으로 삼고 있는 민주개혁과 평화적 통일을 실현하는 것을 당면 핵심 목표로 내세워 이 땅의 민중들의 요구와 이익을 실현하기 위한 민중의 정당이다. 통합진보당의 당원들은 민주주의를 지키기 위해 과거 군부독재 체제와 비타협적으로 투쟁해왔으며, 이 땅의 분단 체제를 허물고 조국의 평화적 통일을 실현하기 위해 치열하게 투쟁해왔고, 노동자들의 인간적인 삶을 되찾기 위해 노동탄압 체제에 맞서 민주노조운동에 헌신해왔으며, 농민들의 삶터를 지키고 농업주권을 지키기 위해 농민운동에 몸바쳐왔다. 이들은 또한 87년 6월 민주항쟁과 7~9월 노동자대투쟁의 주역들이기도 하다. 통합진보당의 탄생 자체가 87년 민주헌법의 귀중한 성과물이며, 통합진보당의 발전이 곧 민주개혁의 완성 과정이자 정당민주주의의 정착 과정이다.

반면 정당해산심판 청구를 한 현 집권 세력은 어떤 세력인가? 현 정권의 주축 세력은 박정희 군부독재 체제의 주역들로, '돌아온 386' 이라고 불린다. 30년대에 출생해서 80세를 바라보고 있는 육법당(육사, 서울대 법대 출신, 영남 세력)

세력들이 현 정권을 틀어쥐고, 유신시대를 꿈꾸며 유신 부활을 획책하고 있는 자들이다. 그들은 한마디로 유신 세력이다. 그 유신 세력들은 친일의 후예이며, 독재의 주역이며, 분단 세력이다. 그들은 오로지 독재 체제와 분단 체제하에서만 자신들의 부와 특권을 유지할 수 있다고 믿는 세력이며, 민주주의와 조국의 평화적 통일을 증오하는 세력이다.

지금의 젊은 세대들은 유신시대에 대해 잘 알지 못한다. 그래서 유신 부활이라는 개념조차 생소해 한다. 유신시대는 한마디로 가혹한 군부독재 체제, 죽음의 시대라고 할 수 있다. 반공·반북 이데올로기가 판을 치던 공포의 시대. 이 시기는 막걸리 반공법 시대라고 불리기도 하는데, 막걸리를 마시던 사람이 술자리에서 "북한 체제도 나쁘지 않지 않냐"고 한마디 했다가 반공법으로 감옥에 가야 했던 것을 비아냥거리는 말이다. 박정희 집권 시기에는 언론·출판·집회·결사·사상과 양심의 자유가 전혀 용납되지 않았고, 중앙정보부가 국민의 눈과 귀를 틀어막고 정치를 좌지우지했다. 노동자들의 임금 인상 요구나 노동조합 활동은 원천적으로 봉쇄되었으며, 민중들의 생존권 투쟁 또한 가혹한 처벌을 받아야 했다. 박정희는 어용적인 통일주체국민회의가 대통령을 뽑게 함으로써 영구 집권을 꿈꾸었으며, 대통령이 국회의원의 1/3을 임명할 수 있게 해 의회민주주의를 말살하고 1인 독재 체제를 만들었다. 유신 체제하에서 국민들은 눈과 귀를 막고 입을 벌리지 못한 채 벙어리로 살아야 했고, 공포의 나날을 보내야 했으며, 노동자·농민 등 기층 민중들은 자신들의 권리를 내세울 수 있는 아무런 수단을 갖지 못한 채 저곡가·저임금 속에서 생존권을 위협당하며 살아야 했다. 조금이라도 뜻이 있고 의식이 있는 사람들이 이러한 현실에 대해 비판을 할라치면 반공법의 올가미에 걸려 빨갱이로 몰려 감옥에 가야 했다. 이것이 바로 유신시대였다.

그 유신 세력들이 다시 정권을 잡고 유신 부활을 꿈꾸고 있다. 박근혜 정권이 들어선 후 한국 정치는 끝도 없는 퇴행과 추락을 거듭하고 있다. 국정원 댓글 사건으로 불거진 국가기관을 동원한 불법·부정 선거, 육법당 세력의 권력 중추부 포진, 국회 무시 안하무인 정치, 전교조와 공무원 노조 탄압, 복지정책을 비롯한 대선공약 파기, 경제민주화 공약 폐기와 성장중심·재벌중심 경제 정책으로의 선회, 국정원을 동원한 공포정치, 공공부문 민영화 정책 강행, 세월호 사태 등만 보아도 알 수 있듯이 정부는 여론과 의회를 무시하고 일방통행식 독재정치로 일관하고 있다. 그런데 문제는 이것이 대통령의 리더십 문제가 아니라는 점이다. 현 정권이 추구하는 유신 부활 책동은 한마디로 87년 헌법을 부정하고, 70년대 유신시대로 한국 정치를 되돌리고 신유신 체제를 만들어 일당 영구집권 체제를 만들려는 치밀한 시도인 것이다. 만약 유신부활 책동이 성공한다면, 현행 헌법 정신이 무너지고 헌법적 가치가 훼손돼 현행 대한민국 헌법은 사망선고를 받을 것이며, 민주주의가 파괴되고, 정당정치는 빈껍데기가 되고 말 것이며, 민중들은 다시금 도래한 독재정치의 그늘 아래 신음하게 될 것이다. 지금이야말로 대한민국의 위기 상황이며, 이 위기는 통합진보당이 아니라 유신 세력으로부터 초래된 것이다. 민주헌법 파괴 세력, 위헌 세력은 바로 유신 세력이다.

통합진보당은 87년 민주헌법의 옥동자이며, 87년 민주헌법에서 규정한 자유민주적 기본 질서에 따라 활동하는 합헌정당이다. 통합진보당의 이념과 노선은 결코 위헌적이지 않으며 도리어 87년 민주헌법 정신을 가장 충실히 구현하고 있다.

87년 민주헌법에서 제시한 민주개혁은 결코 쉬운 일이 아니다. 민주헌법을 제정한 것만으로 민주주의 개혁이 완성되는 것이 아니기 때문이다. 군부독재 체제의 잔재들이 정치·경제·사회·문화 등 모든 부문에 깊게 뿌리박혀 있다. 이러한 낡은 잔재들을 청산하지 않고는 참다운 민주적 기본 질서를 확립할 수 없다. 군부독재 체제를 떠받치고 있던 독재 세력들이 여전히 정치적 주도권을 장악하고 있는 정치적 현실에서 민주개혁을 실현하기 위해서는 힘들고 고통스런 투쟁을 할 수밖에 없다. 낡은 세력들은 여전히 과거 군부독재 체제의 사고와 관습에 젖어 있고, 정치경제적 특권을 움켜쥐고 있으며, 자신들이 갖고 있는 부와 특권을 이용해 민주개혁을 사사건건 훼방놓고 있다. 이러한 정치 현실에서 보수 독점 정당 체제에 길들여져 있는 보수 양당은 민주개혁을 반대하거나 미온적인 태도로 일관했다. 통합진보당만이 희생적이고 헌신적인 태도로 온갖 악조건에도 불구하고 반민주적 제도와 현실을 타파하고 민주개혁을 완수하기 위해 불굴의 노력을 기울여왔다.

또한 통합진보당은 민주주의 발전의 가장 큰 장애물인 반공·반북 대결 체제를 타파하고 한반도의 평화와 통일을 앞당기기 위해 정력적으로 활동해왔다. 북진통일론과 흡수통일론을 반대하고, 남북의 교류와 협력, 화해와 단합, 자주적 통일을 실현하기 위한 정책 활동과 실천 활동을 일관되게 벌여온 자주통일 정당이다. 재벌의 특권을 철폐하고 정경유착 구조를 타파하기 위해 애쓰고, 노동자와 농민의 이익을 대변해온 민중의 정당이기도 하다. 그리고 무상교육과 무상의료, 부유세를 주장하는 등 참다운 복지국가를 실현하기 위해 투쟁해온 민중복지 정당이다.

통합진보당에 대한 정당해산심판 청구 사건은 87년 민주헌법을 부정하고, 87년 이전 군부독재 체제, 유신 체제, 영구집권 체제로 되돌아가려는 유신 세력들의 정치적 쿠데타다. 통합진보당의 이러한 노력과 투쟁이 낡은 체제와 특권을 그리워하는 독재 잔재 세력들에게는 눈엣가시처럼 보일 수밖에 없었다. 이들은 어떤 수단과 방법을 쓰더라도 통합진보당을 없애버려야겠다고 결심하고, 통합진보당 해산심판 청구를 제출한 것이며, 그 목표는 87년 민주헌법의 정신과 가치를 무력화시켜 독재시절로 되돌아가려는 것이다. 통합진보당은 이러한 반헌법적 음모의 희생물로 내던져진 것이다. 헌법 정신과 가치의 구현인 민주주의와 자주 통일, 평등의 가치를 내세웠다는 이유로, 이 땅의 민중들이 정치의 주인이 되어 민중 집권을 실현하는 것을 목표로 삼았다는 이유로, 군사적 주권을 되찾기 위해 한반도 평화협정 체결과 불평등한 한미군사동맹 폐지와 주한미군의 단계적 철수를 주장했다는 이유로, 흡수통일과 적화통일 등 체제통일을 반대하고 남북공존공영의 체제공존형 통일 방식(연방제 방식)을 추구했다는 이유로 위헌 정당이라고 규정하고, 정당해산심판을 청구했다는 것은 그야말로 적반하장이라 하지 않을 수 없다. 통합진보당 해산심판 청구 사건은 87년 헌법 정신을 부정하고 헌법적 가치를 말살하며 정당민주주의를 파괴하는 폭거이며, 유신 부활 책동의 대표적인 사례이자, 신유신 체제를 구축하는 데 있어 가장 큰 걸림돌인 진보정당에 대한 정략적 탄압이다.

통합진보당 강령의 합헌성

법무부가 통합진보당이 위헌적이라고 주장한 근거들을 보면 통합진보당이 위헌 정당이 아니라 오히려 통합진보당 해산심판 청구 자체가 반헌법적이라는 것을 명확히 알 수 있다. 법무부에서는 통합진보당의 목적과 활동에서 위헌성을 제기하고 있는데, 당의 목적에서의 위헌성은 진보적 민주주의를 강령으로 내세웠다는 것, 민중주권론이 헌법에서 규정해놓은 국민주권주의를 위배하고 있다는 것, 주한미군 철수와 종속적 한미군사동맹 파기를 주장했다는 것, 연방제 방식의 통일을 주장했다는 것이며, 활동에서의 위헌성은 북한의 대남혁명 노선을 추종하고 있다는 것, 민주적 선거제도와 의회제도가 아닌 자의적·폭력적 지배를 추구하고 있다는 것이다.

헌법 제8조는 "① 정당의 설립은 자유이며, 복수정당제는 보장된다. ② 정당은 그 목적·조직과 활동이 민주적이어야 하며, 국민의 정치적 의사형성에 참여하는 데 필요한 조직을 가져야 한다. ③ 정당은 법률이 정하는 바에 의하여 국가의 보호를 받으며, 국가는 법률이 정하는 바에 의하여 정당운영에 필요한 자금을 보조할 수 있다. ④ 정당의 목적이나 활동이 민주적 기본 질서에 위배될 때에는 정부는 헌법재판소에 그 해산을 제소할 수 있고, 정당은 헌법재판소의 심판에 의하여 해산된다"고 되어 있다. 헌법에 나와 있듯이 우리 나라에서는 정당 설립의 자유를 매우 폭넓게 부여하고 있으며, 정당의 목적과 활동이 민주적 기본 질서에 위배될 때에는 정부의 제소에 따라 헌법재판소의 심판에 의해서만 해산될 수 있다고 규정하고 있다. 이 제도는 4·19 혁명 이후 새롭게 도입되었는데, 도입 취지는 이승만 정권 시절의 진보당 해산의 경우처럼 정부의 일방적 조치에 의해 정당이 강제해산되는 사례가 재발되지 않도록 정당 활동을 보호하고 강제해산을 엄격하게 제한하기 위한 것이었다.

헌법에서 규정한 민주적 기본 질서에 위배된다는 것은 매우 추상적이어서 그 구체성에 대한 논란이 발생할 수 있다. 이에 대해 헌법재판소는 "우리의 헌법은 자유민주적 기본 질서를 최고의 가치로 인정하고 있고, 그 내용은 폭력적 지배와 자의적 지배, 즉 반국가 단체의 일인독재 내지 일당독재를 배제하고, 다수의 의사에 의한 국민의 자치, 자유, 평등의 기본 원칙에 의한 법치주의적 통치 질서를 말하고 구체적으로는 기본적 인권의 존중, 권력 분립, 의회제도, 복수정당제도, 선거제도, 사유재산과 시장경제를 골간으로 하는 사법권의 독립 등을 의미한다"(헌법재판소 1990.4.2.89헌가113; 1994.4.28. 89헌마221)라고 판시하고 있다. 이 판시 자체 역시 보수적인 판시지만, 현재로서는 유일한 기준으로 삼지 않을 수 없다.

통합진보당의 진보적 민주주의는 위헌적이지 않다

통합진보당의 진보적 민주주의가 헌법에 위배된다는 법무부의 주장은 사실과 전혀 다르다. 그 근거는 다음과 같다.

첫째, 진보적 민주주의는 폭력에 의한 정권 전복 노선이 아닌 합법적 선거에 의한 집권을 추구하고 있다. 정당의 목적은 집권에 있다. 집권을 해야 정당에서 제시하고 있는 정강정책을 구현할 수 있는 길이 확보된다. 물론 집권하기 전이라도 정당의 정강정책을 실현하기 위한 활동을 적극 펼쳐야 하고 일부는 실현되겠지만, 집권을 통해서만 그 정당이 추구하는 가치와 정책을 가장 잘 실현할 수 있다. 그렇기 때문에 모든 정당들은 집권을 목표로 삼고 있다. 통합진보당 역시 집권을 목표로 삼는 것은 지극히 당연한 일이다. 집권을 어떻게 하느냐 하는 방법론으로 보면 폭력을 수반하는 집권의 길(폭력혁명 노선)이 있고, 합법적 선거를 통해 국민 다수의 지지를 얻어 집권하는 길(선거를 통한 집권 노선)이 있다. 이 중에서 통합진보당은 폭력혁명 노선이 아닌 합법적 선거를 통해 집권하는 길을 선택했다. 그래서 위헌성의 기준인 폭력에 의한 지배, 자의적 지배에 동의하지 않고 합법적 선거를 통한 집권을 추구하고 있다. 통합진보당은 합법적 선거를 통해 집권을 실현하기 위해 수권 정당화·정책 정당화, 야권연대를 통한 진보적 집권 노선을 추구해왔다. 수권 정당화란 집권할 수 있도록 당의 정강정책을 준비하고,

의회진출을 확대해서 수권 능력을 국민 대중들로부터 검증 받고, 집권할 수 있는 국민 대중의 지지를 획득하기 위한 합법적 정치 활동을 강화한다는 것을 말하며, 소수당인 진보당이 집권을 빨리 하기 위해 제 민주 정당과의 연대연합을 통해 선거에서 승리하기 위한 야권연대노선을 채택하고 있다. 이러한 통합진보당의 노선이 어떻게 폭력혁명 노선이라고 말할 수 있겠는가?

둘째, 진보적 민주주의는 일인독재와 일당독재를 반대하고, 삼권분립 정치 체제와 복수정당제, 의회제도를 기본 정치 체제로 내세우고 있다. 이것은 통합진보당의 강령에도 분명히 적시되어 있다. 통합진보당의 강령을 보면 정치 강령에서 "1. 입법·행정·사법의 삼권분립 구조를 확립하고 국가권력기구를 민주적으로 개편한다. 2. 공직비리 수사처를 신설하며 검찰이 독점하고 있는 기소권을 분할하는 등 검찰 개혁 및 사법 개혁을 확고히 추진한다. 3. 정치혁신을 위한 대선 결선투표제와 독일식 정당명부 비례대표제 도입 등 민중주권 보장을 위해 정당법과 선거법 개정을 추진하며 예산과 정책 결정 등에 시민의 참여와 감시를 제도화해 직접민주주의를 강화한다. 4. 한국 정치의 고질적 문제 정치와 지역주의를 청산하고 당원이 주인된 정당민주주의를 확립한다"고 명시해놓았다. 즉 삼권분립제도, 복수정당제, 정당민주주의를 기본 방안으로 제시하고 있는 것이다. 그런 점에서 북한식 삼권 통합형 인민민주주의제도와는 근본적으로 다른 정치 체제를 추구하고 있다. 북한 체제를 추종하고 있다는 법무부의 주장이야말로 궤변이며, 모함이다.

셋째, 진보적 민주주의는 헌법에서 제시하고 있는 사적소유와 시장경제 질서를 기본 골간으로 하는 자본주의적 경제 질서에 입각한 경제 체제를 지향하고 있다. 우리의 현실에서 자본주의 경제 체제를 뛰어넘은 사회주의적 경제 체제는 국민 대중의 지지를 받을 수 없을 뿐만 아니라 바람직하지도 않다고 본다. 그러한 입장에서 현재 한국 경제의 문제점은 수출 만능주의, 재벌 체제의 비대화, 사적소유의 절대화, 시장만능주의에 기초한 종속적 신자유주의로 인해 경제의 대외의존성과 종속성이 심화되고, 경제적 불평등으로 인한 경제정의가 실종되었고, 중소기업이 몰락하고, 노동자·농민의 생존권이 불안정하고, 비정규직 등 일자리 문제가 심각하고, 경제력의 집중과 정경유착 등 경제적 부조리가 심각한 점에 있다고 본다. 이러한 문제점을 극복하기 위해 수출 중심 재벌 주도형 경제 체제를 내수 중심, 중소기업 주도형 경제 체제로 전환시켜야 한다고 본다. 특히 재벌 체제를 해체하고 자립적 경제 체제를 구축하기 위해 국가 기간산업의 국공유화 정책을 제시하고 있다. 이러한 진보적 민주주의 경제 체제는 철저하게 현행 대한민국 헌법적 가치와 헌법 조항에 부합되며, 어떠한 위헌적 요소도 없다.

구체적으로 통합진보당의 경제 강령을 살펴보자. 통합진보당의 경제 강령은 '민생 중심의 자주·자립 경제 체제 실현을 위해'라는 기치 아래 다음과 같이 구체화되어 있다.

10. 토빈세 도입 등을 통해 국제 투기 독점자본에 대한 규제를 강화하고, 불평등한 경제협정을 개정·폐지하며, 내수주도형 경제 체제를 강화하여 수출주도형 경제 체제의 폐해를 극복한다. 통상정책은 자국의 지속가능한 경제발전을 중심으로 국가 간 상호호혜적인 공정무역의 형태로 전환한다.

11. 물·전력·가스·교육·통신·금융 등 국가 기간산업 및 사회 서비스의 민영화 추진을 중단하고, 국·공유화 등 사회적 개입을 강화해 생산수단의 소유 구조를 다원화하며 공공성을 강화한다. 또한 공공부문은 경영 민주화, 투명화를 통해 공공기관의 대국민 서비스를 강화한다.

12. 재벌의 소유 경영의 독점 해소 등을 통해 독점재벌 중심 경제 체제를 해체하고, 불공정 하도급거래 관행 근절, 대형 유통점 규제 등을 통해 중소기업 및 영세 자영업자를 보호·육성함으로써, 경제의 민주화를 실현하고 내수·중소기업 주도형 경제 체제를 강화한다.

13. 협동조합, 노동자 자주관리 기업, 사회적 기업 등 대안적 소유·지배 구조를 갖춘 중소기업을 육성하여 풀뿌리 경제를 활성화하고, 중소기업 서민 전담 금융기관을 설립해 중소

기업과 서민 등 경제적 약자에 대한 금융 접근성을 확대한다.

14. 생태산업이자 전략산업인 농업을 보호하고 주요 농산물의 국가수매제도를 도입하여 식량주권을 확보하고 농민 소득을 보장하며, 지속가능한 농업, 자립적·순환적·생태적 농촌 공동체를 구축한다.

15. 국민연금 등 각종 노동자 연기금에 대한 노동자 민중의 참여를 강화하고, 기업 경영과 국가 경제정책 결정 과정에 노동자와 시민 참여를 보장해 자본 중심이 아닌 노동자·시민과 함께하는 경제를 실현한다.

16. 고용과 환경친화적 산업 정책을 통해 지속가능한 경제 체제를 구축하고, 지역 경제를 활성화해 경제의 유기적 연관성을 확보한다.

과연 이와 같은 강령이 자본주의 체제를 부정하고 사회주의 체제를 지향한다고 말할 수 있겠는가?

대한민국 헌법 제119조에 따르면 "① 대한민국의 경제질서는 개인과 기업의 경제상의 자유와 창의를 존중함을 기본으로 한다. ② 국가는 균형 있는 국민경제의 성장 및 안정과 적정한 소득의 분배를 유지하고, 시장의 지배와 경제력의 남용을 방지하며, 경제주체 간의 조화를 통한 경제의 민주화를 위하여 경제에 관한 규제와 조정을 할 수 있다." 또한 대한민국 헌법 제125조에 따르면 "국가는 대외무역을 육성하며, 이를 규제·조정할 수 있다." 또한 대한민국 헌법 126조에 따르면 "국방상 또는 국민경제상 긴절한 필요로 인하여 법률이 정하는 경우를 제외하고는, 사영기업을 국유 또는 공유로 이전하거나 그 경영을 통제 또는 관리할 수 없다." 또한 대한민국 헌법 23조에 따르면 "① 모든 국민의 재산권은 보장된다. 그 내용과 한계는 법률로 정한다. ② 재산권의 행사는 공공복리에 적합하도록 하여야 한다. ③ 공공필요에 의한 재산권의 수용·사용 또는 제한 및 그에 대한 보상은 법률로써 하되, 정당한 보상을 지급하여야 한다."

위와 같은 헌법 조항에 의하면 시장만능주의와 사적소유를 절대화하는 것은 헌법 정신과 헌법 규범에 위배되는 일이다. 헌법에 따르면 사적소유와 시장경제를 기본 경제질서로 삼되, 그것이 갖고 있는 폐해를 극복하기 위한 적극적인 정책을 실시해 균형 있는 국민경제의 안정적 성장과 국민생활의 안정을 위해 시장의 지배와 경제력의 남용을 방지해야 하며, 경제적 민주화를 구현하기 위해 노력해야 한다. 이러한 점에서 시장과 사적소유에 대한 적절한 통제와 재벌 체제 해체 등은 결코 위헌적이지 않을 뿐 아니라, 헌법적 가치를 잘 구현하고 있다고 봐야 한다. 통합진보당이 추구하는 국가기간산업의 국·공유화 정책은 이미 박정희 군부독재 체제에서도 실시된 바 있으며, 87년 헌법 정신과 가치에도 부합된다.

넷째, 진보적 민주주의는 자유민주적 질서의 핵심 가치인 개인의 자유와 인권을 철저히 옹호하고 있다. 진보적 민주주의야말로 개인의 자유와 인권의 참다운 수호자다. 한국 현대사를 보면 자유민주주의라는 이름을 내걸고 군부독재 체제가 유지되어왔으며, 군부독재 체제는 개인의 자유와 인권을 유린하고 민주주의를 철저히 파괴했다. 87년 6월 민주항쟁으로 군부독재 체제가 끝났지만 군부독재 세력은 청산되지 않고, 우리 사회의 부와 특권을 여전히 장악한 채 개인의 자유와 인권을 유린하고 반민주적 행태를 계속하고 있으며, 우리 사회 역시 개인의 자유와 인권 보장 수준은 매우 미약한 상황이다. 우리 국민이 빼앗긴 자유와 인권을 되찾기 위해 통합진보당은 가장 앞장서서 투쟁하고 있고, 인권유린의 현장에 달려가 민중들과 함께 인권 수호 활동을 펼쳐왔다. 통합진보당의 강령은 개인의 자유와 인권 보장을 매우 중요한 가치로 내세우고 있는데, 강령 39항에 "누구도 성별, 장애, 병력, 나이, 언어, 국적, 인종, 피부색, 출신 지역, 용모 등 신체조건, 혼인여부, 임신 또는 출산, 가족 형태 및 가족 상황, 종교, 사상 또는 정견, 전과, 성적지향, 성별정체성, 학력, 고용형태, 사회적 신분 등으로 차별받지 않도록 포괄적인 차별금지법을 제정하여, 모든 시민이 평등하고 건강한 생활을 영위하도록 한다"고 규정해놓고 있다.

통합진보당의 민중주권론은 위헌적이지 않다

통합진보당의 민중주권론은 국민주권론을 반대·배격하거나 무력화시키는 게 아니라, 국민주권론에 기초해 그것을 실질화하고 완성하자는 이론이다. 국민주권론은 시민주권론이 발전한 것으로, 전체 국민들에게 참정권과 투표권을 부여해 국민 전체가 주권자로서 책임과 권한을 갖도록 하자는 이론이며, 보통선거권으로 구체화되었다. 보통선거권 개념은 사실상 제2차 세계대전 이후에 확립된 것이다. 그 전까지는 투표권을 특정 계급이나 계층에게는 부여하지 않았다. 미국의 경우 1960년대까지 흑인들에게 투표권을 주지 않았으며, 스위스의 경우 1971년에 이르러서야 여성들이 투표권을 갖게 되었다. 국민주권론은 민주주의 발전의 상징이자, 민주주의를 더욱 발전시키는 촉매제가 되었다. 하지만 국민주권론에 기초한 자유민주주의 체제, 그 구현체인 대의민주주의 체제에는 실질적 주권이 소수 특권 세력에 의해 장악되고 대다수 국민 대중들은 실질적 권리를 갖지 못한다는 결함과 한계가 있다. 그리고 이러한 결함과 한계가 현 시대에 들어와 점점 더 뚜렷하게 드러났다. 자유민주주의 체제의 기본 원리인 자유경쟁은 필연적으로 권력과 부, 주권의 독점화 현상을 낳게 된다. 부와 권력을 장악하고 있는 소수 특권 세력들은 국민 대중들에게 부여된 주권을 도둑질해 대다수 국민 대중들의 주권을 빈껍데기로 만들어버린다. 그 결과 일반 국민 대중들에게 부여된 주권은 형식화되고, 몇 년마다 한 번씩 투표를 통해 주권을 행사하지만 그것은 기실 자신들을 지배하고 억압하는 특권층을 뽑는 행사에 불과하다. 민중주권론은 이렇게 특정 계급·계층에게만 권력이 집중되는 주권 독점 현상을 타파해 전체 국민 대중들이 골고루 주권을 행사할 수 있도록 민주주의를 확대·발전시켜나가자는 이론이다. 민중주권론은 헌법적 가치를 구현하기 위해 대다수 국민 대중들이 자신들에게 부여된 주권을 실질적으로 행사할 수 있는 정치시스템을 구축해야 한다는 것이므로, 국민주권론을 규정한 헌법 조항에 위배되지 않는다.

통합진보당을 마녀로 모는 세력은 민중주권론이 국민주권론을 부정하기 때문에 위헌적이라고 주장한다. 통합진보당이 국민주권론을 부정한다면, 특정 계급과 계층에게는 선거권과 피선거권을 부여하지 않아야 한다고 주장하거나, 특정 계급과 계층에게 정당 결성의 자유를 제한하거나, 삼권분립과 자유선거를 부정할 것이다. 그러나 통합진보당은 이 중 어디에도 해당되지 않는다. 그런데도 그들은 통합진보당의 강령이나 진보적 민주주의, 민중주권론이 그러한 것을 규정하고 있다는 그 어떤 구체적 증거도 제시하지 않은 채 '민중주권'이라는 말을 썼다는 이유 하나로 '민중에게만 주권을 주는 사상'이라고 매도하고 있다. 민중주권론은 '민중에게만 주권을 주는 사상'이 아니라 '민중들도 실질적 주권을 행사할 수 있도록 해, 민중들이 정치의 참주인이 되도록 하자는 사상'이다. 그렇다면 어떻게 이것을 실현하려 하는가? 그것은 독일식 정당명부 비례대표제, 정당정치의 개혁, 국민소환권, 국민발의권 등 직접민주주의 제도와 방안 들을 확대하고 실질화하는 것, 지방분권과 주민자치 실현 등의 방안들을 통해 민중들의 정치적 참여를 확대하자는 것이다. 과연 이것이 국민주권론을 부정하는 것이며, 민중에게만 주권을 주고 자본가들에게는 주권을 주지 않는 것이란 말인가?

통합진보당의 대미·대북 사상은 위헌적이지 않다

법무부는 통합진보당의 한반도 평화 체제 수립과 주한미군 단계적 철수, 종속적 한미동맹 폐기, 연방제 통일 방안 정책이 우리 헌법에 위배된다고 주장하고 있다. 그러나 나라와 민족의 자주권을 수호해야 한다는 것이 위헌적이라는 주장은 성립될 수 없다. 모든 나라는 자주국방을 핵심 가치로 내세우고 있으며, 우리나라 역시 자주국방의 기치를 내세웠다. 그렇기 때문에 한반도 평화 체제 구축과 더불어 주한미군을 철수하고 종속적 한미 군사동맹도 폐기해야 한다는 정강정책을 위헌적이라고 주장하는 것 자체가 어불성설이며, 외국인들에게는 비웃음거리일 수밖에 없다.

통합진보당의 주한미군 철수 강령은 한반도 평화 체제 구축과 연계된 정책이다. 무조건 주한미군 철수와 한미동맹 폐기를 주장하는 것이 아니다. 주한미군 철수와 종속적 한미동맹 폐기의 전제조건은 한반도 평화 체제 구축이다. 통합진보당은 한반도 비핵 평화 체제 구축 강령을 갖고 있다. 한반도 비핵 평화 체제가 구축된다면 전쟁의 위험성은 사라지고, 전쟁의 위험성이 사라진다면 주한미군이 더 이상 주둔할 이유도 명분도 없다. 그리고 주한미군 주둔의 근거가 되고 있는 한미상호방위 조약 역시 개정되거나 폐기되어야 한다. 종속적 한미동맹 폐기 정책은 종속성에 초점이 맞춰져 있으며, 한미 우호협력 조약으로 바뀌어야 한다고 본다. 군사동맹 체제는 대등한 상호협력 체제로 바뀌어야 한다.

연방제 방식의 통일 방안 역시 헌법에 전혀 위배되지 않는다. 통합진보당의 연방제 방식의 통일 방안은 북한의 연방제 통일 방안의 복사판이 아니다. 통합진보당의 연방제 통일 방안은 7·4 남북공동성명, 6·15 남북공동선언에 기초해 통합진보당 내에서 다양한 토론과 논의를 거쳐 확립한 통일 방안이다. 앞에서 인용한 바 있듯이 헌법 제4조는 "대한민국은 통일을 지향하며, 자유민주적 기본 질서에 입각한 평화적 통일 정책을 수립하고 이를 추진한다"고 밝히고 있다. 이 조항은 분단 체제를 조속히 극복하고 통일 체제 구축을 위해 적극적으로 통일 정책을 수립해서 집행해나가야 하며, 대결과 전쟁을 반대하고 평화적 방식의 통일을 추진해나가야 하며, 자유민주적 기본 질서에 입각한 통일 정책을 수립하고 추진해야 한다는 세 가지 내용을 내포하고 있다. 법무부는 자유민주적 기본 질서에 입각한 통일 정책이라는 조항을 앞세워 남북 체제 공존형 통일 방안이 위헌적이라는 억지주장을 펼치고 있다. 그런데 남북 체제 공존형 통일방식이 아니라 체제 통합형 통일 방식은 적화통일과 흡수통일 두 가지 외에는 있을 수 없는데, 이 두 가지 방식은 상대방의 체제와 제도를 부정함으로써 극단적 대립과 대결을 초래하고, 궁극적으로 전쟁을 야기할 수밖에 없다. 이것은 평화적 통일 원칙에 정면으로 배치된다. 또한 북한이 자동적으로 붕괴되어 흡수통일이 가능할 때까지 분단 체제를 유지해야 한다는 주장 역시 적극적으로 통일 정책을 수립·추진해야 한다는 헌법조항에 위배된다. 그렇기 때문에 이 세 가지 조항에 맞게 통일을 추진하려면 '자유민주적 기본 질서에 입각해'라는 헌법 조항에 대해 통일을 추진하는 방식이 자유민주적 기본 질서에 입각해야 한다는 것, 대한민국의 현재 체제 유지를 전제로 한 통일 방안을 만들어야 한다는 것이라는 의미로 해석하는 것이 합리적이다. 북한 체제까지 자유민주적 기본 질서에 맞춰야 한다고 해석하는 것은 이 헌법 조항을 그릇되게 해석하는 것이며, 현실에도 부합되지 않는다. 역대 대한미국 정부는 통일방안을 수립할 때 남과 북 양 체제 유지를 전제로 한 통일방안을 제시했다는 점에서 명백히 드러난다. 그렇기 때문에 연방제 방식의 통일 방안은 전혀 위헌적이지 않다.

통합진보당 활동의 합헌성

통합진보당의 활동 역시 철저하게 합헌적이다. 법무부는 통합진보당이 북한과 연계되어 북한의 대남 혁명 전략에 입각한 강온양면 전술에 따라 혁명의 결정적 시기가 도래하면 무력에 의한 혁명을 추구하고, 그 전 준비기 동안에는 대중정당을 통한 반국가 활동 등에 의하여 혁명역량을 강화하는 것을 도모하고 있다고 주장하면서, 그 예로 일심회 사건과 이석기 의원 내란음모 사건을 예로 들고 있다.

법무부 측의 이러한 주장은 어처구니없는 것이다. 그들은 자신들의 주장에 대한 구체적인 증거를 단 하나도 제시하지 못하고 있다. 그들이 제시하고 있는 위헌적 활동이란 이석기 의원 내란음모 사건 외에 김선동 의원 국회의사당 최류탄 투척 사건, 공무원과 교사의 정치적 중립성 위반, 비례대표 부정 경선, 2001년 용산 지역위원장 경선 사건, 이정희 대표의 범민련 결성 21돌 기념대회 격려사 등이다. 또한 당원 개인들의 국가보안법 위반 사건들이 모두 당의 위헌적 활동으로 제시되어 있다. 대표가 범민련의 기념대회에 초청받아 덕담으로 격려사를 한 것이 대표적인 위헌적 활동이라니!

사실 이석기 의원 내란음모 사건이 그들이 통합진보당의

활동이 위헌적이라고 주장하는 내용의 99퍼센트를 차지한다고 봐도 과언이 아니다. 이것이 의미하는 바는 명백하다. 지금까지 이석기 의원 내란음모를 제외하고는 통합진보당이나 그 전의 민주노동당의 활동에서 위헌적인 부분을 전혀 찾아내지 못한 것이다. 당의 공식적인 결정과 활동에서 단 하나의 위헌적 활동도 찾아내지 못했다는 것은 무엇을 의미하는가? 김선동 의원 최류탄 투척 사건이 의회민주주의를 부정하고 폭력적 지배를 지향한다는 것을 보여준 위헌적 활동이라고 한다. 소가 웃을 일 아닌가? 과거에 김두환이 국회의사당에 똥물을 끼얹었던 것과 유사한 이 사건은 당시 국회가 국회로서의 의무를 방기한 채 농민들의 생존권을 돌보지 않고 있는 데 대한 분노의 표출이었다. 이 행위가 위헌적 활동이고, 의회민주주의의 부정인가? 공무원과 교사의 참정권을 주장하며, 민주노동당 창당 당시 공무원과 교사 들을 당우로 받아들인 게 과연 의회민주주의 부정이며, 위헌적 활동인가? 선거법에 저촉되었을지는 모르지만 이것이 헌법을 부정하는 위헌 활동이라고 주장하는 것이야말로 어처구니없는 비약이다.

문제의 핵심은 이석기 의원 내란음모 사건이다. 그런데 지금 이 사건은 어떻게 전개되고 있는가?

법원은 이석기 의원 내란음모 사건 항소심에서 내란음모 혐의에 대해 무죄를 선고했다. RO의 실체를 인정하기 어렵다고 판단한 것이다. 내란음모죄가 성립하려면 내란을 실행하려는 '합의'와 그 합의의 '실질적 위험성'이 있어야 한다는 것이 기존 판례인데, 이 사건에서는 그 두 가지 모두가 입증되지 않았다.

설령 백 번 양보해서 이석기 의원 내란음모 사건이 유죄로 결정된다 하더라도, 과연 그것이 통합진보당의 활동이라고 볼 수 있는가? 그것으로 인해 통합진보당이 위헌 정당이라고 규정할 수 있는가? 절대 아니다. 진보정당은 사상과 양심의 자유를 인정하고 다양한 사상적 경향을 가진 진보적 단체와 개인 들이 함께 참여하는 정당이다. 그렇기 때문에 진보정당의 구성원들 중에는 다양한 견해와 사상적 조류가 존재하고, 또한 그들이 당 밖에서 다양한 진보적 활동을 펼칠 수 있다. 그런데 당 밖에서 행해지는 다양한 진보적 활동들을 모두 당의 활동으로 규정하고 그것을 근거로 위헌 정당으로 규정하려는 것이야말로 반헌법적 폭거이다. 정당의 활동은 당의 강령과 당헌, 당규에 근거해 당의 공식적인 의사결정에 따라 이루어지는 활동으로 명백히 규정되어야 한다. 그렇지 않고 당원들의 모든 활동을 당 활동으로 규정하려는 견해는 파시즘적 사고이며, 정당 활동의 자유를 구속하는 반민주적 사고다. 당의 안과 밖을 명확하게 나누어야 하며, 당 안의 활동만을 당의 활동으로 봐야 한다. 그리고 당 안과 밖을 나누는 기준은 당의 당헌, 당규와 당의 공식적 의사결정에 따른 것이냐 아니냐로 구분되어야 할 것이다.

그런데 통합진보당 정당해산심판 청구의 주된 근거로 작용했던 이석기 의원 내란음모 사건에 대해 법원이 무죄 판결을 내렸다. RO나 내란음모의 증거를 어디에서도 찾아볼 수가 없다. "북한과 연계되어 북한의 대남 혁명 전략에 입각한 강온양면 전술에 따라 혁명의 결정적 시기가 도래하면 무력에 의한 혁명을 추구하고, 그 전 준비기 동안에는 대중정당을 통한 반국가 활동 등에 의하여 혁명역량을 강화하는 것을 도모하고 있다"는 정부의 주장은 백 퍼센트 허구이며, 상상의 산물에 불과하다. 이석기 내란음모 사건에서 북한과의 연계성이 없다는 것이 명백해 밝혀졌으며, 무력에 의한 혁명을 추구(내란음모)하지 않았다는 것이 확인되었고, 대중정당을 통한 반국가 활동이 전혀 없었다는 것이 명명백백하게 밝혀졌다.

지금까지 통합진보당의 활동, 그 이전의 민주노동당의 활동은 헌법이 허용하는 범위 내에서 철저하게 합법적으로 진행되어왔다. 한반도의 평화와 통일을 위해 북한을 일방적으로 비판하거나 추종하지 않고 시시비비의 원칙에 따라 할 말은 하는 바른 정당으로 활동해왔으며, 국민 대중, 특히 노동자·농민 등 서민 대중들의 생존권을 지키고 민주주의를 수호하는 활동을 펼쳐왔다. 북의 핵 문제에 있어서도 통합진보당은 한반도 비핵 평화 체제 구축이라는 강령에 따라 한반도 핵 문제의 평화적 해결을 지향해야 한다는 원칙에 따라 활동해왔다.

많은 사람들이 오해하는 것처럼 북한이 핵을 보유하고 핵 실험을 하는 것을 찬성한 적이 결코 없다. 북한 핵 문제에 대해 일관되게 대화와 협상을 통한 평화적 해결 원칙을 고수해 왔을 뿐이다. 기존의 미국의 대북 정책이 대화와 협상 노선을 거부하고, 북한에 대한 제재와 고립 정책으로 일관해온 것에 대해 비판하고 반대해왔을 뿐이다. 제재와 압박은 북한 핵 문제에 도움이 되기는커녕 북한의 반발을 불러일으켜 핵 문제 해결에 역행하는 정책이라고 비판해왔던 것이다. 제재와 대결은 전쟁을 불러일으킬 수 있다는 위험성을 경고해왔을 뿐이다. 북핵 문제는 북한을 일방적으로 매도하는 방식으로 해결될 수 없으며, 양자의 공통된 우려사항을 대화와 협상을 통해 해결해나가는 방식으로만 풀 수 있다는 일관된 입장을 견지해왔다.

지금 미국 내 대북 전문가들은 물론 오바마 행정부의 고위 관리 출신들조차 오마마의 대북 적대 정책은 실패로 끝났으며, 북한과의 대화와 협상을 모색하는 방향으로 대북 정책을 수정해야 한다고 주장하고 있는 상황이다. 이것으로 볼 때 한반도 핵 문제 해결을 위한 통합진보당의 정책과 노선은 가장 현실적이면서도 평화적인 내용이라고 할 수 있다.

이러한 정책 활동을 북한 추종이니 종북으로 매도하는 것이야말로 정치적 의사 형성의 책무가 있는 정당의 고유한 기능을 반공이라는 이름하에 재갈을 물리는 반헌법적인 행동이며, 정당민주주의를 파괴하는 위헌적 행위다. 이것은 전형적인 매카시즘이며, 민주주의를 파괴하는 파쇼적 발상이다.

3장
한국의 정당민주주의와 진보정당

암흑의 시대—박정희·전두환 군부독재 체제

우리나라 최초의 진보정당은 1956년에 조봉암이 중심이 되어 창당한 진보당이다. 그러나 진보당은 조봉암 등의 당 간부들이 간첩 혐의로 구속된 후 강제 해산되었고, 그후 한국 사회에서는 진보정당 운동의 명맥이 끊어졌다. 4·19 혁명 이후 사회대중당, 사회당, 혁신당, 통일사회당 등 여러 진보정당들이 등장하긴 했지만 분열로 인해 총선에서 대패하였으며, 그나마도 5·16 쿠데타 직후 선포된 포고령에 의해 진보정당 활동이 불법화되면서 이 땅에서 영영 자취를 감추었다.

4·19 혁명 이후 새롭게 모색되던 진보정당 운동이 올곧게 성장하지 못한 것은 이때의 정당들이 진보당이 보였던 한계

와 결함을 그대로 갖고 있었기 때문이다. 그 한계와 결함이란 첫째, 진보정당 운동 세력 사이의 분열과 대립, 반목이다. 4·19 이후 혁신계(진보정당 운동 지향 세력)는 1960년 7월 29일 총선에서 승리하기 위해 새로운 진보정당을 건설하기 위한 활동을 활발하게 펼쳤다. 하지만 그들은 하나의 통합정당을 건설하는 데 실패하고, 사회대중당, 혁신동지총연맹, 한국사회당, 사회혁신당으로 각각 선거에 임했다. 범야권 혁신 세력 규합체인 '혁신연맹'이 모색되었지만 결국 실패하고, 진보정당 운동 세력들은 7·29 총선에서 민의원 5명(득표율 6.6퍼센트), 참의원 3명(득표율 3.3퍼센트) 당선에 그치는 초라한 결과를 맞았다. 최소 60~70석 정도는 획득할 것이라는 예상에 비추어보면 형편없는 결과였다.

두 번째로 꼽을 수 있는 결함과 한계는 대중적 토대와 기초가 없고, 대중운동과 결합하지 못했다는 조직적·구조적 한계다. 이에 대해 조현연은 『한국진보정당운동사』에서 "현실에 기초한 튼튼한 이념적 좌표를 세우는 데 실패하고, 조직에서 건전한 활동기풍을 만드는 데 실패하고, 당내 정파들이 조급한 헤게모니 투쟁 때문에 분열하고, 결과적으로 대중으로부터 유리되었다"고 지적한다.

하지만 한국에서 진보정당 운동의 싹이 성장·발전하지 못한 것은 이런 내적인 요인들 때문만은 아니다. 진보정당 운동 세력들은 7·29 선거 패배에서 교훈을 찾고, 1961년 초

사회대중당, 사회당, 혁신당은 통합을 위한 노력을 지속하였으며, 그 결과 5월 17일 대표자 합동기자회견을 통해 합당 발표를 하기로 결정했다. 하지만 5·16 군사쿠데타로 이러한 노력은 좌절되고 말았다. 결국 5·16 군사쿠데타가 진보정당 운동의 싹을 싹둑 잘라버린 것이다. 5·16 군사쿠데타로 정권을 장악한 박정희 소장은 자신이 1948년 여순사건의 핵심 연루자였다는 치명적 약점 때문에 진보정당 운동 세력을 더욱 가혹하게 탄압했다. 또한 자신이 일으킨 군사쿠데타를 합리화하기 위해 이른바 혁명공약이라는 것을 발표했는데, 여기에서 "반공을 국시의 제1의로 삼고 흐트러진 반공 체제를 재정비·강화한다"고 천명했다. 무시무시한 반공 국가 만들기가 본격적으로 시작된 것이다.

박정희의 반공 국가 만들기의 최대의 희생양은 진보정당 운동 세력이었다. 박정희와 군부쿠데타 세력들은 진보정당 운동 세력과 통일운동 단체 주요 인물들을 무차별적으로 체포·구속했고, 이들을 용공이라는 이름으로 감옥과 사형장으로 보냈다. 이를 위해 반공법을 제정하고 중앙정보부를 창설하기까지 했다. 이후 중앙정보부는 인혁당, 통혁당, 남민전 사건 등 수많은 공안 조작 사건들을 만들어내는 용공 세력 제작소가 되었다. 그들은 온갖 고문과 강압을 통해 간첩 사건들을 조작해냈다. 더 나아가 위수령, 계엄령, 긴급조치 등 국민들의 정상적 정치 활동을 금지하는 악법들을 만들고, 그 어떠한 진보적인 사상과 활동도 허용하지 않았다. 이 시기에 일어난 용공 조작 사건의 대표적인 사례가 인혁당 사건과 민청학련 사건이다. 인혁당 조작 사건을 살펴보자.

박정희 정권은 1974년 4월 3일, 민청학련이라는 불법단체가 반국가적 불순 세력의 배후조종 아래 '인민혁명'을 획책하고 있다고 주장했다. 그후 4월 25일에 중앙정보부장 신직수는 민청학련의 배후에 '과거 공산계 불법단체인 인민혁명당 조직'이 있다며 인혁당 사건 관련자들을 구속해 수사 중이라고 발표했다. 그리고 1년 후인 1975년 4월 9일, 박정희 정권은 인혁당 관련자 8명의 사형을 집행했다.

이것이 바로 인혁당 사건이다. 그런데 이 사건에서 놀라운 것은 사형 집행이 대법원 확정 판결 후 18시간 만에 전격적으로 이루어졌다는 점이다. 가족들은 형이 확정되었으니 이제 면회를 할 수 있겠다고 서대문 구치소에 갔다가 사형이 집행되고 있다는 소식을 듣고 혼절했다. 또한 더 놀라운 것은 공판 기록이 조작되었다는 점이다. 법정에서 분명히 아니라고 부인한 부분이 대부분 공소 사실을 시인한 것으로 조작되어 있었던 것이다.

12·12 군부쿠데타로 정권을 찬탈한 전두환·노태우 군부독재 세력들은 광주민중항쟁을 유혈진압한 후 유신시대보다 더욱 가혹한 군부독재 체제를 구축하고 민주주의를 파괴하고 민중들을 가혹하게 탄압했다. 전두환 군부독재 시절에

는 보안사가 간첩 조작의 선봉대 역할을 했다. 보안사는 고문으로 숱한 간첩 사건들을 조작해냈고, 그것들이 최근 재심을 거쳐 무죄로 확정되고 있다.

박정희·전두환 군부독재 체제는 이 지구상에서 가장 혹독한 반공·반북 체제였다. 반공·반북 이데올로기가 사회적 지배 이데올로기로 고착되고, 진보적인 사상과 이념의 보급과 전파, 진보적인 사상과 이념을 내세운 정치 활동이 철저히 통제되었다. 그렇기 때문에 진보정당 활동을 한다는 건 꿈도 꿀 수 없는 일이었다.

박정희·전두환 집권기에 진보정당 운동이 성장하지 못했던 또 하나의 이유는 진보정당의 대중적 토대가 되어야 하는 노동운동과 농민운동 등 자주적인 계급·계층운동, 대중운동이 발전하지 못했다는 것이다. 노동운동과 농민운동의 발전이 진보정당이 성장하기 위한 기본 전제라는 것은 외국의 사례에서도 확인되는 바다. 대체로 진보정당 운동과 노동운동은 전략적 연대와 동맹을 맺고, 상호 발전을 추동해나가는 관계에 있다. 진보정당 운동이 노동운동의 성장을 촉진하고, 노동운동의 발전이 진보정당 운동 발전의 대중적 토대가 된다. 그렇기 때문에 노동운동의 정상적 발전 없이 진보정당 운동이 발전해나가기는 어렵다. 물론 나라와 민족에 따라 농민운동 역시 노동운동과 마찬가지의 역할을 담당하곤 했다.

그런데 박정희·전두환 군부독재는 노동운동과 농민운동 등 기층 대중운동의 자주적 발전을 허용하지 않았다. 노동3권을 원천적으로 부정했고, 집회·시위·결사의 자유도 허용하지 않았다. 노동조합을 건설하는 것 자체가 이적·용공 행위로 단죄되었고, 민주노조를 건설하려 했다는 이유만으로 감옥에 가야 했다. 이 시기는 그야말로 민주주의의 암흑기였다. 그러다 보니 노동자와 농민 등 기층 민중들은 자신들의 계급적 이익을 대표할 수 있는 자주적 계급 조직을 건설할 수 없었다. 물론 이러한 탄압 속에서도 선진적인 노동자 대중들은 민주노조를 건설하기 위해 치열하게 투쟁했다. 하지만 합법적인 민주노조 운동이 보장되지 않은 조건에서 진보정당 운동을 펼쳐갈 꿈도 꿀 수 없었고, 진보정당 운동에 대중적 힘을 보탤 수도 없었다.

한국의 진보정당 운동 세력들은 박정희·전두환 군부독재 체제의 경험을 통해 반공·반북·분단 체제의 극복 없이 진보정당의 합법적 활동은 불가능하다는 것, 노동운동·농민운동 등 계급·계층운동의 성장과 발전 없이 진보정당의 대중적 토대를 구축할 수 없다는 것을 실천을 통해 느꼈다. 이들은 1960~80년대의 '민주화!'의 기치 아래 군부독재 체제를 극복하기 위한 반합법·비합법 대중 투쟁을 완강하게 전개했다. 그들의 헌신적이고 선도적인 투쟁의 힘은 1987년 6월 민주항쟁과 7~9월 노동자대투쟁을 만들어냈다. 이 투쟁으로 한국의 군부독재 체제는 결정적 타격을 받고 역사의 무대에서 사라졌고, 한국 정치는 새로운 국면을 맞게 되었다. 87년 6월 민주항쟁과 7~9월 노동자대투쟁으로 탄생한 새로운 정치 체제를 87년 체제라 부른다.

87년 체제와 정당민주주의

87년 체제에는 긍정적인 지점과 한계가 모두 존재하지만, 이 책에서 그에 대해 상세히 거론할 필요는 없을 것이다. 87년 체제가 정당민주주의 발전과 진보정당 운동사에서 갖는 의미만을 살펴보자. 군부독재 체제하에서는 진보정당뿐만 아니라, 정당민주주의 자체가 싹트고 발전할 수 없었다. 군부독재 체제하에서 복수정당제와 선거제도는 허울에 불과했다. 복수정당제에 기초한 정당민주주의와 의회제도, 선거제도라는 자유민주주의 체제의 기본 틀을 부정할 수 없었기 때문에 형식적으로 그러한 체제를 유지했을 뿐 참다운 정당민주주의는 전혀 허용되지 않았다.

정당민주주의가 무엇인가에 대해 다양한 토론과 논쟁이 존재할 수 있지만, 국민들의 정치적 의사를 자유롭게 형성하고 조직할 수 있는 정치적 환경과 토대가 그것의 필수 조건이며, 복수정당제가 발전할 수 있는 공정한 선거제도와 정당제도의 확립이 충분조건이라는 것은 기본적인 사실이다. 이를 구체적으로 서술하면, 집회와 시위, 언론·출판·결사의 자유, 사상과 양심의 자유가 제도적으로 보장되어야 하며, 삼권분립 체제, 의회제도와 공정한 선거제도, 사법부의 독립이 확립되어야 하며, 정당 활동의 자유가 보장되어야 한다. 특히 민주적 정권 교체가 가능해야 정당민주주의가 발전해나갈 수 있다.

그런데 군부독재 체제는 언론·출판·집회·결사의 자유, 사상과 양심의 자유를 정보정치·공포정치를 앞세워 탄압하고, 국가보안법과 반공·반북 이데올로기를 앞세워 국민들을 사상적으로 길들였다. 또한 노동3권을 원천적으로 부정했다. 정권에 대해 비판적인 견해는 '용공·이적'이라는 이름으로 매도하는 분위기가 지배적이었다. 이러한 정치적 환경에서 어떻게 정상적인 정당 활동이 가능하겠으며, 정당민주주의가 이루어질 수 있겠는가? 군부독재 시기에도 야당이 존재하긴 했지만 무늬만 야당이었을 뿐, 정상적인 복수정당 체제는 아니었다고 볼 수 있다. '낮에는 야당, 밤에는 여당'이라는 비난과 조소가 야당에게 들씌워졌던 것은 어쩌면 지극히 당연한 것이었다. 게다가 70년대 유신 통치 아래에서는 통일주체국민회의라는 대통령의 관변 조직이 국회의원 1/3을 추천했으니, 다수당이 여당 국회의원을 포함하면 여당 의석이 구조적으로 2/3 이상을 차지했다. 그 결과 국회는 통법부 이상의 역할을 수행하기란 불가능했다. 이처럼 군부독재 체제하에서는 단순히 진보정당만이 발전할 수 없었던 것이 아니라, 정당민주주의 자체가 훼손되고, 자리잡을 수 없었다.

87년 6월 민주항쟁과 7~9월 노동자대투쟁으로 군부독재 체제는 결정적으로 타격을 받고 무너졌다. 군부독재 체제를 유지해왔던 권위주의적 헌법이 새로운 민주헌법으로 바뀌었다. 새로운 헌법 아래에서 대통령 직선제가 실시되었다. 대통령 직선제의 부활은 민주화의 상징이었으며, 그후 정당정치와 여론정치가 새로이 발전하기 시작했다. 절차적 민주주의가 확립된 것이다. 여기에서 절차적 민주주의가 확립되었다는 표현은 매우 신중하게 써야 한다. 왜냐하면 한국의 정치학계에서 이 문제를 둘러싸고 여러 가지 논쟁이 끊이지 않고 있기 때문이다.

원래 '민주주의란 무엇인가'를 둘러싸고 많은 논쟁과 정의가 존재하지만 대체로 합의되고 있는 점은 있다. 그것은 하나의 정치적 공동체 내에서 인민주권(popular sovereignty)의 원리가 구현된 시스템을 지칭하는 개념이다. 인민주권 원리란 인민의 자기지배가 구현되는 것을 말하는데, 오늘날 현대 사회에서 모든 인민들이 스스로 통치할 수 없기 때문에, 직접 통치하지 않더라도 자신들이 선출한 대표로 하여금 그들의 요구와 이익, 의사와 선호를 실현하도록 하는 정치 체제를 구축해 자신들의 주권을 구현한다. 즉 인민이 자기의 대리인이나 대행자를 통해서 간접적으로 통치하는 체제다. 이것이 오늘날 민주주의의 지배적 형태로 존재하는 대의민주주의 체제다.

대의민주주의 체제가 인민주권 원리에 기초한 인민의 자기지배를 구현하려면 그에 걸맞은 절차와 방식이 필요하다. 여기에서 말하는 절차와 방식은 일반적으로 삼권분립 원리가 구현된 정치 체제, 주기적 선거를 통해 권력 교체를 보장할 수 있는 제도적 장치, 자유로운 경쟁이 가능한 공정한 선거제도, 복수정당제도, 평등한 투표에 바탕을 둔 정치참여의 확대, 언론·출판·집회·결사의 자유, 표현의 자유를 보장할 수 있는 제도적 장치 등이 보장될 수 있는 정치 시스템을 말한다. 이것이 절차적 민주주의이고, 절차적 민주주의가 확립되었다는 것은 이러한 장치들이 구축되었다는 것을 뜻한다.

하지만 87년 체제 등장으로 절차적 민주주의가 완성되었다고 할 수는 없다. 절차적 민주주의가 확립되었다는 것은 어쩌면 최소한의 대의민주주의 체제가 확립되었다는 것을 말할 뿐이라고 봐야 한다. 절차적 민주주의란 원래 인민의 자기지배를 구현하기 위한 수단과 방식을 뜻하며, 그것 역시 끊임없이 새롭게 변화하고 발전하는 그 어떤 것으로, 고정된 틀은 아니다. 대표적인 예를 들어보면 오늘 우리나라의 선거제도는 구조적 결함을 안고 있다. 인민의 대표성이 잘 반영되지 못하는 구조적 한계가 있다. 이러한 결함 때문에 선거제도 개혁 문제가 항상 정치권의 중심 문제로 등장하고 있고, 특히 진보정당 운동 진영에서는 자신들의 진영에 결정적으로 불리한 선거제도 개혁 없이 민주주의가 발전할 수 없다고 주장하고 있다. 그리고 그 대안으로 독일식 정당 명부 비례대표제를 제안하고 있다. 현행 소선거구제하에서는 국민들의 지지율에 비례하는 의석을 차지할 수 없으며, 그것은 국민들의 의사의 대표성에 심각한 구조적 결함을 야기하고 있다. 기득권 세력들의 특권을 유지시켜주는 구조적 틀로 악용되고 있다. 절차적 민주주의 역시 지금까지 수백 년 동안 끊임없이 발전해왔듯이 앞으로도 계속해서 발전해 나가야 한다.

향후 절차적 민주주의를 발전시켜나가는 데서 고민해야 할 부분은 대의민주주의의 구조적 한계를 어떻게 보완할 것인가 하는 점이다. 대의민주주의의 구조적 한계란 무엇인가? 인민에 의해 선출된 대표가 인민의 의사와 요구를 백 퍼센트 반영할 수 없다는 점이다. 대부분의 경우 선출된 대표들은 자유위임의 원칙에 따라 자신의 양심에 기초해서 공동체 전체의 이익을 실현할 수 있는 권한을 자유롭게 행사한다. 그러다 보니 선출된 대표가 자신을 선출해준 인민의 의사와 요구에 다르게 정치적 의사결정을 하는 경우가 허다하게 나타날 수밖에 없다. 이러한 구조적 한계로 인해 인민의 자기지배는 자신들이 선출한 대표에 의해 지배당하며, 그들의 의사와 요구, 이익 들이 제대로 반영되지 못할 뿐 아니라 더 나아가 자기의 의사와 요구, 이익에 반하는 결정들을 강요당하는 경우가 허다하게 발생하게 된다. 이로부터 민주주의에 대한 회의까지 나타나고 있다.

이러한 구조적 한계가 극복되지 못한다면 민주주의에 대한 대중들의 믿음과 기대가 무너지면서 민주주의의 위기가 발생하게 될 위험성이 증대될 수밖에 없다. 이러한 대의민주주의의 구조적 한계를 보완하기 위한 방도로서 여러 가지 제도적 대책들이 논의되고 있으며, 그 중 하나로 직접민주주의 제도들을 보완하는 방안이 제기되고 있다. 대의민주주의의 한계를 극복하기 위한 직접민주주의의 제도적 보완은 절차적 민주주의가 향후 발전해나가야 할 방향이다. 그렇기 때문에 절차적 민주주의를 대의민주주의로 한정하거나 등치시키는 것은 옳지 않다.

앞에서도 언급했듯 대의민주주의에서는 인민들이 투표를 통해 자신들의 대표를 선출한다. 그런데 누가 자신들의 정치적 의사와 이해를 대표하고 대변할 수 있는가를 유권자들이 제대로 판단하기가 쉽지 않다는 문제점이 있다. 또한 인민이라고 말하지만 인민들의 의사와 요구가 모두 통일되어 있는 것도 아니다. 계급으로 분열되어 있는 자본주의 사회에서는 계급 간의 이해와 요구의 대립이 나타난다. 뿐만 아니라, 다양한 계층 사이에서도 이해관계의 대립과 충돌이 발생한다. 여기에다 개별적 개인들의 개성도 천차만별이다. 이렇듯 매우 복잡하고 다양한 이해관계가 뒤엉켜 있는 현대 사회에서 선거에 의해 선출된 대표자가 모든 유권자의 요구와 이익을 대변하고 대표한다는 것은 허구다.

이러한 문제점을 극복할 수 있는 최소한의 제도적 장치가 정당제도다. 정당의 의미를 사전에서 찾아보면 "정치에 대한 이념이나 정책이 일치하는 사람들이 정치적 이상을 실현하기 위하여 조직하는 단체"라고 나온다. 계급적으로 분열된 현대 사회에서 정당은 특정 계급과 계층의 의사와 요구, 이익을 대변하고 대표하는 정책과 이념을 갖고, 그들을 자신들의 주요 지지 기반으로 확보하기 위한 정치 활동을 벌인다. 인민들은 자신들의 정치적 이익을 대변하고 대표할 수 있는 정당을 통해 주권을 행사한다. 이러한 의미에서 대의민주주의 체제에서는 정당이 민주주의의 핵심 요소라 할 수 있다. 민주적인 복수정당 체제, 경쟁이 보장되는 공장한 선거제도야말로 대의민주주의 체제의 핵심이다. 인민들이 정당을 통해 자신들의 정치적 의사와 요구, 이익과 지향을 정치에 투영하는 민주주의 시스템, 이것이 바로 정당민주주의다. 다시 말해 현대 대의민주주의는 곧 정당민주주의 체제라고 말할 수 있다.

87년 체제에서 절차적 민주주의가 확립되었다는 것은 정당민주주의가 어느 정도 가능해졌다는 것을 뜻한다. 정당민주주의가 가능하려면 앞에서도 누누이 강조했다시피, 정당활동의 자유, 공정한 선거제도의 확립, 정치적 의사 표현의 자유가 필요하다.

87년 6월 항쟁과 7~9월 노동자대투쟁으로 군부독재 체제가 붕괴되고, 권위주의적 정치 질서가 해체되었다. 또한 국민들의 정치적 자유가 확대되고, 언론·출판·집회·결사의 자유가 확대되었다. 무엇보다도 국민들이 군부독재 체제의 의식적 포로 상태에서 해방되어, 스스로 말하기 시작했다. 자신들의 정치적 의사를 자유롭게 표현하는 사회적 분위기가 조성된 것이다. 대중들이 정치의 주체로 나서기 시작했다. 이러한 정치적·사회적 변화 속에서 헌법이 개정되고, 대통령 직선제가 실시되었다. 민주적 정권 교체의 가능성 또한 자라나게 되었다. 비교적 공정한 선거제도가 확립되면서 절차적 민주주의가 정착되어갔고, 정당민주주의도 조금씩 발전해갔다. 이것이 87년 체제의 기본 특징이다.

87년 체제의 한계—한국 정당민주주의의 문제점

87년 6월 항쟁과 7~9월 노동자대투쟁 이후 한국 사회가 민주화되었으며, 절차적 민주주의가 확립되었다는 평가에는 대다수 사람들이 이의를 제기하지 않는다. 하지만 한국의 정당민주주의에 대한 대중적 만족도는 매우 낮다. 정치학자들의 평가도 부정적이다. 87년 이후 민주화가 진행될수록 기존 정당과 정당 체제에 대한 대중적 불만도 증대되는 이상 현상이 발생했다. 이를 일컬어 '정당정치의 위기'라고 표현하는 사람들도 있다. 한국 국민들이 우리 정치를 신뢰하지 않고 있다는 것은 지극히 낮은 투표율로도 입증된다. 대통령 선거 투표율이 80퍼센트도 되지 않는데, 이는 유럽이나 일본과 비교해도 매우 낮은 수치이며 세계에서 투표율이 가장 낮은 것으로 악명이 높은 미국의 투표율에 버금간다. 민주주의의 가치는 정치적 평등의 가치와 원리에 입각한 참여의 평등이다. 대의민주주의 체제에서 인민주권을 실현하는 거의 유일한 수단이 투표인데, 국민의 절반 가까운 사람들이 투표에 불참하는 정치 체제를 민주주의 체제라고 말할 수 있겠는가? 투표율이 낮은 원인에 대해서는 세밀한 연구와 분석이 필요하겠지만 한국의 정당 체제에 심각한 문제점이 있다는 것은 분명하다.

한국 정당 체제의 문제점에 대한 분석으로 탁월한 것은 최장집의 분석이다. 최장집은 한국의 민주주의가 분단 국가라는 특성과 박정희식 개발독재에 의해 구축된 보수독점적 지배 체제, 냉전 반공주의, 권위주의, 그리고 최근의 신자유주의에 의해 왜곡됨으로써 우리나라의 정당들이 지역주의적 파벌에 의존해 기능하게 되었다고 진단한다. 그리고 한국 사회에서 보수 정당 체제는 "분단 상황에서의 이념적 제약성", "외국 차관에 힘입은 국가 주도 산업화", "발전주의와 거대기업이 결합한 헤게모니"로 인한 독재 대 반독재라는 정치적 균열로써 형성되었다고 분석한다. 그는 '냉전 반공주의 헤게모니와 민주주의가 양립할 수 있는가?'라는 질문을 던진 후, "양자의 양립이 불가능한 것은 아니지만 냉전 반공주의는 정치의 대표체제 내지는 정당 체제의 발전을 심각하게 제약함으로써 민주주의를 크게 저해한다"(최장집, 『민주화 이후의 민주주의』, 66쪽)고 말한다.

87년 체제가 수립되었음에도 불구하고 정당민주주의가 정착되지 못한 근본적 원인은 87년 이전의 구체제에서 구축된 구조나 조건이 해체되지 않은 데 있다고 결론을 내릴 수 있다. 이런 면에서 볼 때 87년 체제의 민주화는 절반의 민주화에 불과하며, 낡은 반민주적 정치·경제 구조를 타파해야 하는 민주화 투쟁의 과제는 여전히 남아 있다고 볼 수 있다.

구체제가 여전히 온존하고 있고, 민주화 투쟁의 과제가 남아 있다면, 민주 대 반민주의 대립 구도는 여전히 살아있다고 봐야 한다. 그리고 보수독점적 정치 구조의 양축을 이루고 있었던 보수 양당을 정당민주주의의 정상적 동반자로서 동일하게 평가할 수 없다. '구체제의 타파 없이 민주주의는 없다'는 명제에 동의한다면, 구체제를 옹호하고 고수하려는 정당과 구체제를 타파하는 데 이해관계를 갖는 정당은 본질적으로 다르다고 봐야 한다. 하나는 반민주 정당이고, 다른 하나는 민주 정당이라는 규정성을 부여하는 것이 타당하다. 양당은 보수독점 정당 체제 유지라는 데에서는 별반 차이가 없다고 볼 수 있지만, 보수독점 정당 체제를 강제해왔던 분단 체제, 냉전 반공주의 체제의 해체 문제에서는 분명히 큰 차이가 있다. 분단 체제 유지 고수 세력과 분단 체제 해체 지향 세력으로 구별·정립될 수 있다.

정당민주주의를 정착시키려면 낡은 구체제를 혁파하는 한편, 보수독점 정당 체제를 민주적 정당 체제로 바꾸기 위한 정당 개혁 운동을 펼쳐나가야 한다. 따라서 한국의 정당민주주의의 정착과 발전을 실현하기 위한 전략으로는 투트랙(two track) 전략이 옳다. 투트랙 전략이란 운동정치 전략과 정당정치 전략의 결합을 말하며, 또 다른 한편으로는 민주 대 반민주에 기초한 대연합 전략과 진보정당 창당 전략의 결합을 뜻한다. 운동정치 전략과 정당정치 전략을 결합해 보수독점적 정치 구조를 유지해나가고 있는 구체제에서 구축된 구조와 조건을 혁파하고, 정당민주주의가 싹트고 정상적으로 발전해나갈 수 있는 민주주의 체제를 만들기 위한 민주화 투쟁을 지속적으로 전개해나가야 한다. 분단 체제와 국가보안법 체제, 냉전적 반공 이데올로기 체제를 극복하기 위한 투쟁이 87년 이후 민주화 투쟁의 주타격 방향이다. 이를 위해서는 구체제를 유지하려는 반민주 정권을 민주 정권으로 교체하기 위한 범민주연합전선을 구축해 원내외 투쟁을 활발하게 펼쳐나가야 한다. 이와 함께 보수독점적 정치구조를 혁파하고, 정당민주주의를 정착시키기 위해서는 민주주의 체제 구축에 동의하는 민주 정당과 함께 민주 대 반민주에 기초한 대연합 전략을 구축해 정권 교체를 위한 민주화 투쟁을 전개하는 한편, 진보정당을 강화·발전시켜 보수독점 정당 체제에 균열을 내고 진보정당과 보수정당이 공존하면서 경쟁할 수 있는 민주적 정당 체제를 구축해나가야 한다. 요약하면, 운동정치와 정당정치 결합이라는 투트랙 전략, 민주대연합과 독자세력화라는 투트랙 전략이라는 이중 전략이 요구된다.

4장
87년 이후의 진보정당 운동

87년 체제의 등장과 진보정당 운동

박정희 군부독재 체제의 등장과 함께 맥이 끊겼던 한국의 진보정당 운동은 87년 6월 민주항쟁과 7~9월 노동자대투쟁으로 새로운 전기를 맞게 되었다. 6월 민주항쟁으로 군부독재 정권이 무너지고, 대통령 직선제를 포함한 민주적 선거제도가 확립되었다. 진보정당 운동을 결정적으로 가로막고 있었던 반공·반북 이데올로기의 힘과 영향력도 줄어들었다. 정치적 민주화로 진보적 이념을 내세운 진보정당이 합법적으로 활동할 수 있는 가능성의 장도 열렸다. 또한 7~9월 노동자대투쟁으로 민주노조 운동이 합법화됨으로써 진보정당 운동과 노동운동이 결합할 수 있게 됐다. 진보정당 운동의 대중적 기초를 구축할 수 있는 조건이 만들어진 것이다.

하지만 진보정당 운동의 앞길은 여전히 험난한 가시밭길이었다. 진보정당 운동의 맥이 오랫동안 끊겨 있었던 터라 정당 운동을 이끌어나갈 조직적 주체가 없었고 진보정당 운동의 이념과 노선도 정립되어 있지 않았다. 외적으로는 민주화 시대가 열렸다고는 해도, 정당민주주의의 발전을 가로막고 있던 구조적 장벽들이 그대로 남아 있었다. 그 구조적 장벽이 무엇인가에 대해 조금 더 상세히 논의해볼까 한다.

많은 수의 한국 정치학자들은 87년 민주항쟁으로 정치적 민주화가 이루어졌다는 견해를 갖고 있으며, 정당민주주의의 발전을 막는 구조적 문제점은 중시하지 않는다. 하지만 진보적 대중운동의 현장에서 활동하고 있는 활동가들에게 87년 민주항쟁으로 이룩한 민주주의는 굉장히 초보적인 수준에 불과했다. 한국 사회는 여전히 과거 군부독재 체제에서 구조화된 질서와 체계에서 벗어나지 못했다. 나는 이 체계가 분단 체제와 결합된 종속파시즘 체제라고 본다. 87년 체제를 흔히 민주화 시대라고 규정하며 김대중·노무현 정권은 민주정부라고 부르는데, 이 시대를 파시즘 시대라고 부른다니 현실감이 떨어진다고 생각하는 사람들도 있을 것이다.

파시즘 체제에 대해 정확한 사전적 정의를 내리기는 어렵지만 대체로 민주주의 체제와 대립되는 개념으로 쓰인다.

그렇기 때문에 파시즘 체제를 규정할 때 민주주의 체제를 어떻게 볼 것인가를 먼저 정의하고 출발하는 것도 파시즘 체제를 정확히 이해하는 한 가지 방법이 될 수 있을 것이다. 정치체제로서의 민주주의 체제는 인민에 의한 자기지배 원리가 구현된 정치 체제를 뜻한다. 구체적으로 말하면 특정 계급과 계층, 정치 세력이 정치 체제에서 폭력적 방식으로 배제되지 않고 정치의 주체로서 참여할 수 있는 권리를 가지며, 정당을 만들어 자신들의 정치적 견해와 입장을 민주적으로 개진할 수 있는 권리가 보장되며, 공정한 경쟁을 통해 정치권력에 참여할 수 있는 길이 제도적으로 보장되어 있는 체제가 자유민주주의 체제다. 따라서 언론·출판·집회·결사의 자유, 사상과 양심의 자유, 정당 설립의 자유, 공정하고 경쟁적인 선거제도, 삼권분립 체제, 사법권의 독립 등이 자유민주주의의 핵심적 구성 요소다. 반면 이러한 민주주의 정치체제를 폭력적 방식으로 억압하는 체제가 곧 파시즘 체제라고 할 수 있다. 계급적 측면에서 정의할 때 파시즘 체제란 폭력적 방식을 동원한 민중 억압 체제다. 또한 노동자 계급의 정치적 권리를 폭력적 방식으로 박탈하는 정치 체제가 파시즘 체제다. 이념적 측면에서 파시즘 체제란 진보적 사상과 이념을 탄압하고, 극우적인 사상과 이념을 강요하는 정치 체제다.

그렇다면 우리 사회는 민주주의 체제인가, 파시즘 체제인가? 백낙청 교수가 "흔들리는 분단 체제"라고 규정했던 바를 원용한다면, 87년 이후 한국의 정치 체제는 '흔들리는 파시즘 체제' 라고 규정할 수 있을 듯하다. 파시즘 체제의 구조적 틀은 변하지 않았지만, 대통령 직선제로 표현되는 보수 양당 경쟁적 선거제도가 확립되고, 민주주의에 대한 국민들의 열망으로 인해 파시즘 세력의 정치적 영향력이 약화되고, 파시즘 체제의 작동 메커니즘이 부분적으로 이완된 상태라고 부를 수 있겠다. 하지만 파시즘 체제의 핵심적 특징이 특정 계급과 계층의 사상과 이념, 정치 활동을 폭력적으로 억압하는 것인데, 87년 민주화 이후에도 한국 사회는 노동자 계급의 진보적 사상과 이념 활동을 탄압하고 있으며, 국민의 정치적 자유와 권리를 구속하는 국가보안법은 여전히 사라지지 않고 있다. 그러므로 현재 한국은 파시즘 체제라고 보는 것이 합리적일 것이다.

국가보안법, 국정원, 공안 검찰 등 공안탄압기구, 반공·반북 이데올로기 체제 등이 결합되어 노동자와 민중의 자유로운 사상·정치 활동을 강력하게 탄압하고 있는 현실, 90년대에 수도 없이 발생했던 공안 사건들, 특히 한국 대학생들의 자주적 대중조직인 한총련을 이적단체로 규정하고 탄압했던 사실은 우리 사회가 파시즘 사회라는 것을 보여준다. 또한 기존 파쇼 세력들이 청산되지 않은 채 우리 사회의 기득권 세력으로 위세를 떨치고 있다는 점에서도 그러하다.

한국의 파시즘 체제는 종속성을 본질적 특징으로 하고 있다. 그것은 분단 체제하에서 미국의 대한반도 지배 전략의 산물로 탄생했으며, 종속적 한미동맹 체제를 유지하는 데 복무하고 있다는 점에서 종속적이다. 한국의 파시즘 세력들은 분단 체제에 기생하고 있으며, 이 체제를 통해 자신들의 지배 체제를 유지하고 있다. 한국 사회에서 분단 체제가 극복되지 않고서는 민주주의 체제가 완성될 수 없다. 그런데 한국 사회의 민주화 세력들 중 일부는 분단 체제와 민주주의의 상호관계에 대한 과학적 인식을 하지 못한 채 분단 문제가 해결되지 않고서도 민주주의가 가능할 것이라는 환상에 젖어 있다. 그래서 분단 체제가 강요하고 있는 반북대결 체제를 극복하는 네 무관심하거나, 분단 체제에 안수하려는 경향을 보인다. 이것이 이후 진보정당 내에서 종북 논쟁이 발생하게 된 원인이다.

한국의 민주주의 세력들은 87년 민주화 이후에도, 민주주의의 발전을 가로막고 있는 구조적 장벽인 분단 체제와 그 산물인 국가보안법 체제를 혁파하기 위한 제2의 민주화 투쟁을 펼쳐나갔어야 했다.

87년 6월 항쟁 직후 진보운동 진영에는 몇 가지 과제가 주어졌다. 정치학 박사인 박상훈은 이를 세 가지로 압축했다. "첫째, 한국 사회 민주변혁을 최후까지 책임질 진보적 계급계층으로서의 민중의 독자적 이념과 조직으로 정치세력화시켜야 하는 '전략적 과제로서의 기본 과제'. 둘째, 기본 과제의 수행을 강화하기 위해 당면의 정세에서 집중해야 할 '주요한 정치적 과제'로서 분열된 민주연합전선의 재구축과 군부독재의 권력 재창출의 저지. 셋째, 민중적 변혁의 대중적 토대를 확대하는 문제로서 밑으로부터 광범하게 분출되어온 대중 투쟁을 조직화하는 '일상 과제'가 바로 그것이다."(조현연의 『한국진보정당운동사』에서 재인용) 그런데 당시 진보운동 세력은 이 세 과제를 통일적으로 수행할 수 있는 정치적·조직적 준비가 부족했다.

그 결과 진보운동 진영은 각각 내세우는 목표에 따라 비판적 지지론, 후보단일화론, 독자세력화론으로 분화되었다. 비판적 지지론은 김대중 지지로 귀결되었으며, 후보단일화론은 김영삼 지지론으로 결론이 났고, 독자세력화론을 주장했던 사람들은 백기완 선대본을 구성해 독자 출마를 선언했다. 백기완 후보의 대선 출마는 87년 6월 항쟁 이후 진보정당 운동 세력의 첫 움직임이었다 할 수 있다. 민중의 독자적 정치세력화의 기치를 내걸고 출발한 백선본은 아래로부터의 민중의 힘에 의거한 민주연립정부 수립을 목표로 내걸고 독자적인 선거 투쟁을 펼쳤다. 그러나 양김을 강제할 만큼의 대중적 역량을 결집하지 못한 상황에서 구체적인 성과 없이 후보 사퇴로 결말을 내림으로써 독자정치세력화의 토대를 만들지 못한 채 좌절하고 말았다.

이후 합법 진보정당 건설을 둘러싸고 다양한 논의들이 전개되었는데, 여기에서 합법 진보정당 무용론, 시기상조론, 독자창당론으로 다시 의견이 나뉘었다. 이 중 어떤 견해가 타당했는가를 논의하는 것은 어렵다. 하지만 몇 가지 토론해볼 지점은 있다.

진보정당 무용론은 6월 민주항쟁으로 새롭게 펼쳐진 한국 정치의 구조적 흐름에 대한 과학적 인식이 결여된 채 합법 정치 활동과 합법 공간에 대한 전략적 의의와 중요성을 간과하는 오류를 범했다. 독자창당론은 합법적 진보정당 운동의 구조적 장벽에 대한 과학적 인식이 부족했다. 엄연히 국가보안법 체제가 존재하고 있는 현실을 과소평가하는 오류를 범한 것이다. 독자정치세력화라는 전략적 방향은 타당했다. 그렇지만 국가보안법이 존재하며 반공·반북 이데올로기의 영향력이 강력하게 작용하고 있는 조건에서 섣부르게 합법 정당을 건설할 경우 합법주의의 벽에 갇혀 과거 군부독재 시절의 관변 진보정당과 같은 처지로 전락하거나 합법성을 상실당할 위험성이 매우 농후하다는 현실을 직시했어야 했다. 이러한 위험성을 극복하려면 당 건설 자체에 급급하기보다 합법적 진보정당이 안정적으로 활동할 수 있는 주·객관적 조건을 먼저 만들어야 했다.

이러한 점에서 볼 때 시기상조론이 가장 현실적인 판단이었다고 본다. 하지만 시기상조론은 독자정치세력화에 대한 전략과 방법을 제시하지 않은 채 무작정 시기상조론만을 내세움으로써 독자정치세력화에 대한 대중적 열망을 담아내지 못했다는 비판적 평가를 피할 수 없다. 이처럼 당시 각각의 견해는 부분적으로 타당한 측면들은 있었으나, 그 어느 것 하나 진보정당 운동을 이끌어나갈 수 있는 올바른 입장과 노선으로 정립되지는 못했다.

이후 진보정당 운동 세력들은 합법적 진보정당을 건설하기 위해 각개약진을 하게 된다. 우선 독자창당론에 동의하는 정치 세력들은 1988년 4월 총선에 나서기 위해 1988년 2월 발기인 279명 등 2,000여 명의 시민과 학생 들이 모인 가운데 대학로에서 민중의당(가칭) 창당발기인대회를 개최하고, 3월 6일 민중의당을 창당했다. 87년 6월 항쟁 이후 민주화 시대에 만들어진 첫 번째 진보정당이라는 의의를 지닌 민중의당은 "민중이 주인이 되는 민주정부의 수립"을 최상위 강령으로 내세웠고, "반세기에 걸친 민중의 반외세·반독재 민주화 투쟁을 계승하여 민중의 민주주의와 조국의 자주화, 통일을 보장할 민주정부의 수립 및 통일된 민주조국 건설을 위해 전체 민중의 선두에 서서 민중과 함께 이의 실현을 추진해나갈 것"이라고 선언했다. 그러나 민중의당은 1988년 4·26 총선에서 16개 지역구에 후보를 냈지만 한 명도 당선시키지 못했고, 0.33퍼센트의 득표율로 해산되고 말았다.

민중의당이 실패한 이유는 무엇일까? 실패의 원인은 세

가지다. 첫째는 진보적 정치 세력의 단결과 단합이 이루어지지 않았다는 것이다. 그때까지 한국 사회의 진보적 정치 세력의 힘은 매우 미미했다. 87년 민주항쟁 이후 전사회적으로 민주주의 열풍이 확산되고 있었음에도 불구하고, 김대중·김영삼으로 대표되고 있었던 개혁적 정치 세력들이 민주주의 세력의 절대다수를 차지하고 있었고, 우리 사회의 근본적 개혁을 추구하는 진보적 정치 세력들은 소수에 불과했다. 민중의당을 추진했던 세력은 그 중에서도 또 극히 수가 적었다. 그런 소수의 힘으로 기존 정치권의 높은 벽을 돌파할 수 있었겠는가. 두 번째 요인은 조직적·사상적 기초가 튼튼하지 못했다는 것이다. 합법적 진보정당을 건설하려면 정당을 위해 헌신하고 투쟁할 수 있는 활동가들과, 이들이 하나의 기치 아래 사상적 통일성을 갖고 투쟁할 수 있는 튼튼한 조직적 토대가 필요하다. 그런데 민중의당은 조직적 기초가 매우 부실했으므로 서둘러 창당을 하고 선거에 도전한 것 자체가 모험이었다고 볼 수 있다. 셋째는 대중적 토대가 없었다는 것이다. 노동운동 진영과 농민운동 진영의 조직적 지지를 전혀 받지 못한 상태로 선거에 도전했으니 그 결과가 참담하게 끝날 것은 불을 보듯 뻔했다.

민중의당이 실패한 데서 우리는 교훈을 찾고 새로운 길을 개척해나가야 했다.

첫째, 진보적 정치 세력들의 단결·단합을 금과옥조로 삼고, 정치적 단결을 강화하기 위해 인내심을 갖고 노력해야 했다. 당시 대다수 진보 세력들은 87년 민주항쟁의 정신을 계승해 기만적인 6·29 조치를 뛰어넘어 군부독재 체제의 잔재를 완전히 청산하고 일반민주주의를 완성하며, 민주대연합 노선에 기초해 민주적 정권 교체를 이루는 것이 진보정당을 창당하는 것보다 중요하다고 인식하고 있었다. 당시 이러한 정세 인식과 전략은 지극히 타당한 것이었다. 한국의 민주화는 아직 출발 단계였으며, 여전히 군부독재 세력들이 정권을 장악하고 있었다. 민주화의 기치를 내릴 것이 아니라, 더 높이 들고 유리한 정세와 환경을 활용해 국가보안법 체제를 타파하기 위한 민주화 투쟁을 펼쳐나갔어야 했다. 그리고 이 힘을 결집시켜 민주적 정권 교체를 실현해야 했다. 따라서 합법적 진보정당 창당을 추진하려는 세력들은 이러한 정세인식과 전략에 대한 동의에 기초해서 자신의 구상을 펼쳐나가는 대응 전략을 취했어야 했다.

둘째, 아래로부터의 진보정당 건설 노선을 택했어야 했다. 아래로부터의 진보정당 건설 노선이란 무엇인가? 그것은 합법적 진보정당의 정치적·조직적 토대를 아래로부터 만들어나가는 건설노선이다. 각 지역과 현장에서 진보적 정치 역량들을 발굴 육성하는 사업, 합법적 진보정당의 군중적 토대와 기초를 만들어나가는 사업, 선거에 나설 수 있는 정치 간부들을 대중 속에서 육성하는 사업, 선거에 뛰어들 정치 간부들의 지역과 현장에서 대중적 지지기반을 확장하는 사업들을 펼쳐나감으로써 합법적 진보정당의 정치적·조직적·대중적 토대를 구축하는 사업들을 아래로부터 전개해나가고, 이러한 사업들이 일정한 성과를 거두고, 정치적으로 유리한 환경과 조건이 만들어졌을 때 합법적 진보정당 창당을 추진하는 방식을 말한다. 이러한 추진 방식의 사례는 울산에서 나타났다. 울산 지역 활동가들은 90년대 초반부터 이러한 전략에 기초해 아래로부터 대중적 정치역량 구축과 정치 간부 육성 사업을 인내력 있게 추진해나갔다. 이러한 사업의 성과로 95년 지자체 선거에서 김창현 후보가 무소속으로 경남도의원에 출마하여 당선되었으며, 98년 7월 울산 동구청장에 무소속 당선됨으로써 최초의 진보 구청장이 되었다.

셋째, 노동조합, 농민회 등 기층 대중운동 단체와의 긴밀한 연계 속에서 합법적 진보정당 건설을 추진하는 전략을 택했어야 했다. 잘 알려진 것처럼 현재 통합진보당의 전신인 민주노동당의 창당은 민주노총의 정치세력화 방침에 따라 민주노총이 주도해서 이루어진 일이다. 민주노총의 힘에 의해 합법적 진보정당이 탄생하고 발전했으며, 원내정당으로 성장할 수 있었다. 이러한 경험으로 볼 때 민주노총이 건설되기 전에 합법적 진보정당을 창당하려는 시도는 실패로 끝날 수밖에 없는 운명이었다. 대중운동 조직의 튼튼한 뒷

받침이야말로 합법적 진보정당의 발전에 꼭 필요한 필수적 전제조건이다.

그런데 민중의당 추진 세력들은 이러한 교훈을 얻지 못하고, 민중의당이 실패한 후에도 계속 민중의당 방식을 고집했다. 당시 진보 세력들은 1989년 1월 21일 8개 부문단체와 12개 지역단체 등 전국 수준에서 총 260개 단체가 참여한 가운데 전민련(전국민족민주운동연합)을 결성했다. 전민련은 87년 6월 민주항쟁과 7~9월 대투쟁 이후 최초로 진보적 대중단체와 정치 세력들이 총결집하여 만든 대중단체였다.

전민련에게 부여된 역사적 사명은 군부독재 세력과의 정치적 대중 투쟁을 펼쳐나감으로써 반민주 악법과 제도 들을 척결하고 대중들의 반미자주화 투쟁과 자주적 통일 투쟁을 확대·발전시켜나갈 것, 야권 정당 세력들과의 민주대연합을 통해 민주적 정권 교체를 실현하고 민주연립 정부를 구성해 일반민주주의를 완성할 것, 진보 진영의 독자적 정치세력화를 통한 합법적 진보정당을 건설하기 위한 정치적·조직적·대중적 준비를 진행시켜나갈 것 등이었다.

그런데 합법적 진보정당 조기 건설론을 주장하는 세력들은 전민련의 틀 속에서 인내심을 가지고 자신들의 목표를 추구해나가지 못했다. 그들은 전민련 내 일부 비판적 지지 세력들의 민중의 독자정치세력화와 합법적 진보정당 창당에 대한 반대만을 크게 내세우며, 조급함에 빠져 합법적 진보정당 창당을 둘러싼 논쟁을 거세게 밀어붙였다. 전민련 내부 갈등과 대립을 격화시키고 분열을 일으키던 그들은 결국 전민련에서 이탈해버리는 역사적 잘못을 범하고 말았다. 이들의 이탈로 전민련의 정치사상적 통일성과 정치적 지도력은 크게 위축되었고, 일부 세력들의 보수 야당으로의 이탈이 가속화되었으며, 진보 진영의 분열 상황이 지속되었다. 그들은 내부 분열에 빠진 전민련 따위는 돌아보지 않고 합법적 진보정당 건설을 위한 행보에만 박차를 가했다. 그리하여 1990년 11월 10일, 민중당이 창당되었다.

민중당은 전당대회에서 상임대표위원으로 이우재를, 대표위원으로 김상기와 김낙중을 선출하고 당고문으로 백기완을 추대했다. 민중당은 창당선언문을 통해 "민중이 주인이 되는 진정한 민주주의"를 이념적 목표로 내세웠고, "외세와 군사독재의 통치를 종식시키고 민중주체의 민주정부를 수립하며 민중주도의 자립경제와 조국의 자주적 통일을 달성"하는 것을 기본 목표로 설정했다. 민중당은 이후 노정추(한국노동당 창당준비위)와 통합해 통합민중당으로 1992년 3월, 14대 총선에 51명의 후보를 내세웠으나, 의회 진출해 실패했을 뿐 아니라 2퍼센트 득표율에 미치지 못해 법적 해산을 당하고 말았다. 진보적 정치 세력의 단결에 기초하지 못하고 분파적으로 진행된데다, 아래로부터의 합법정당 건설의 조직적 토대에 기반을 두지 못하고 위로부터의 정치적 이합집산에 매몰되었고, 노동조합·농민회·여성회·청년회 등 각계각층 진보적 대중조직의 조직적 지지 없이 추진된 90년대의 진보정당 건설 운동은 이렇게 실패로 끝날 수밖에 없었다.

새로운 진보정치 시대의 개막—민주노동당 창당

노동자·민중의 정치세력화의 염원을 담을 그릇인 합법적 진보정당 건설의 단초는 민주노총 출범으로부터 비롯되었다. 1995년 11월 11일 가맹노조 866개 노동조합, 41만여 명의 조합원의 전국중앙조직으로서 전국민주노동조합총연맹의 창립이 선포되었다.

민주노총은 창립선언문에서 "생산의 주역이며 사회개혁과 역사 발전의 주체인 우리는 백여 년에 걸친 선배 노동자들의 불굴의 투쟁과 87년 노동자대투쟁 이후 거대한 흐름으로 자리 잡은 민주노조 운동의 성과를 계승하여 자주적이고 민주적인 노동조합의 전국중앙조직인 전국민주노동조합총연맹을 결성한다. 우리는 민주노총의 깃발을 높이 들고 자주, 민주, 통일, 연대의 원칙 아래 뜨거운 동지애로 굳게 뭉쳐 노동자의 정치·경제·사회적 지위를 향상하고 전체 국민의 삶의 질을 개선하여 인간의 존엄성과 평등을 보장하는 통일조국, 민주사회 건설의 그날까지 힘차게 투쟁할 것"이라고 선언했다. 강령에서는 "우리는 노동자의 정치세력화를 실현하고 제 민주 세력과 연대를 강화하며, 민족의 자주성과 건강한 민족문화를 확립하고 민주적 제 권리를 쟁취하며 분단된 조국의 평화적 통일을 실현한다"고 밝힘으로써 노동자의 정치세력화를 목표로 삼고 있음을 분명히 했다.

민주노총 창립선언문을 통해 당당히 선포된 노동자 정치세력화의 방침! 이것이 민주노동당 창당의 첫 출발이었다. 노동자와 민중이 자신의 정치적 지향과 요구, 이익을 대변하고 대표할 수 있는 정치 조직을 스스로의 힘으로 건설하겠다는 꿈과 포부를 대외에 천명한 것이다.

1996년 12월 26일 김영삼 정권이 노동법을 개악하자 이제 막 탄생한 민주노총은 총파업을 선언하고 그 다음 해 2월 말까지 완강하게 총파업을 전개했다. 당시 총파업에 참가한 노동조합은 누적 집계로 3,422개 노조 3,878,211명이었으며, 1일 평균 파업 규모는 163개 노조 184,498명에 달했다. 가히 87년 이후 최대의 연대파업 투쟁이라 할 만했다. 민주노총 지도부는 강력한 투쟁 결의, 단결력, 지도부의 결단력, 유연한 대응 전술로 장장 3개월에 걸친 파업을 힘있게 이끌어나갔고, 대외적으로는 전국연합을 중심으로 '안기부법·노동법 개악 반대 범국민대책위'를 꾸려 광범위한 시민사회단체들과 함께 투쟁을 확산시켜갔다. 한국노총 역시 총파업에 참여했다. 노동자와 국민의 완강한 투쟁에 김영삼 정권은 백기를 들고 항복을 할 수밖에 없었다. 정부는 노동법과 안기부법 개악을 중단했고, 권영길 위원장과 지도부에 내렸던 구속영장을 취소했다. 이로써 노동법 개악 정치총파업은 민주노총의 승리로 막을 내렸다. 이 투쟁은 역사의 주체인 노동계급이 정치의 전면으로 등장한 중요한 사건 중 하나였다. 이 투쟁으로 민주노총의 정치적·사회적 지위와 영향력이 급속히 확대되었고, 노동자의 독자적 정치세력화에 대한 자신감이 민주노총 내부에 급속히 확산됨으로써 민주노동당 창당의 대중적·조직적 기반이 만들어지는 성과를 이룩했다.

민주노총은 노동법 개악 총파업을 통해 노동자와 민중의 이익을 대변할 수 있는 정치 조직이 절박하다는 인식을 하게 되었고, 이번에야말로 노동자 정치세력화의 염원을 꼭 이루고 말겠다는 결심을 하게 된다. 민주노총은 1997년 3월 27일 2기 대의원대회에서 "민주노총은 우리 사회의 민주적 개혁을 실현하고, 노동자의 이익과 요구를 철저히 대변하는 새로운 정당 건설의 토대를 구축한다. 이를 위해 민주노총은 98년 지자체 선거에 대거 진출, 98~99년 정당 건설, 2000년 국회 원내 진출을 목표로 하는 정치세력화 사업을 힘차게 전개해나간다. 또 전국연합 등 민족 민주진영과 각계 민주세력과의 합의를 바탕으로 '민주적이고 개혁적인 후보'를 만들어낸다"고 결정했다. 이어 97년 7월 24일 민주노총 2기

임시대의원대회에서는 "민주노총은 민주적이고 개혁적인 대선 후보를 만들어내기 위해 제 민주세력과 연대하여 공동선거대책기구 구성에 적극 나선다. 민주노총 조합원은 공동선거대책기구에 적극 참여할 수 있도록 하며 조직의 인적·물적 역량을 최대한 집중한다. 민주적이고 개혁적인 후보의 주요 정책과 선거 전략은 공동선거대책기구에서 민주적인 절차와 방법으로 결정한다. 공동선거대책기구의 후보를 결정할 때는 그 전에 민주노총 대의원 대회를 개최하여 이에 관한 민주노총의 입장을 결정한다"고 결의했다.

한편 전국연합은 1997년 2월 2일, 6기 정기대의원대회에서 "97년 날치기 악법, 노동법·안기부법 개악 철회 투쟁에서 보여지듯이 87년 6월 민주항쟁 이후 성장하고 있는 민족민주운동 세력의 힘을 결집시켜 민주개혁과 자주적 평화통일을 추진해나가는 책임 있는 정치 세력으로 거듭나고자 민족민주 진영의 독자적 정치세력화를 위해 노력한다. 민족민주운동 진영의 단결과 민주적인 정권 교체를 위해 노력한다. 이상과 같은 목표를 실현하기 위한 방법으로 전국연합은 민주노총 등 민주주의와 사회 진보를 위해 노력하는 제 세력들과의 합의를 바탕으로 '우리 후보' 방침을 포함한 다양한 방법을 모색한다"고 결정했다.

또 다른 주체인 진보정치연합은 그해 7월에 열린 2기 임시대의원대회에서 "진보정치연합은 한국 사회의 근본적인 개혁을 추진하고, 최대의 조직적 과제인 진보정당 건설을 앞당기기 위해 제15대 대통령 선거에 적극 참여한다. 선거 참여의 일차적 목표는 진보정당 건설의 물질적 기초와 대중적 기반을 확보하는 데 있다. 진보정치연합은 제15대 대통령 선거에서 노동계, 진보적인 정치단체, 시민사회단체 등 폭넓은 민주개혁 세력과의 굳건한 연대와 협력을 토대로 국민후보 운동을 전개한다"고 밝혔다.

이와 같은 과정을 통해 민주노총과 전국연합, 진보정치연합, 그리고 시민사회단체들로 구성된 '국민승리21(가칭) 추진위원회'가 구성되었으며 1997년 8월 18일 프레스센터 국제회의장에서 발족식이 이루어졌다. 여기에서 12월 대선에 독자후보를 출마시킨다는 결정이 이루어졌다. 국승21은 9월 7일 여의도에서 진행된 국민후보 추천위원회 전체회의를 통해 국민후보로 권영길을 추대하였다. 97년 대선에서 독자적 정치세력화의 기치를 내세운 권영길 후보의 출마는 87년, 92년 대선에서 독자세력화의 기치를 내걸고 대선에 출마했던 백기완과는 전혀 다른 정치적 의미를 갖는다. 그것은 한국 진보정당 운동의 역사상 최초로 민주노총의 조직적 결심을 토대로 좌우를 망라한 전체 민족민주운동 진영, 진보운동 진영의 단결된 행동 방침의 산물이라는 것이다.

그러나 노동자·민중의 정치세력화의 길은 결코 순탄하지 않았다. 앞에서 언급했듯이 87년 6월 민주항쟁과 7~9월 노동자대투쟁 이후 정치적 민주화가 진전되기는 했지만, 분단 체제와 그로부터 비롯된 국가보안법 체제가 여전히 존재했고 군부독재 체제의 지배 세력들이 계속 권력을 장악하고 있는 상황이었다. 따라서 진보정당 운동 세력들의 앞에는 두 가지 과제가 동시에 놓일 수밖에 없었다. 첫째는 제 진보·민주 세력과 야당 정치 세력과 함께 민주주의대연합 전선을 형성해서 국가보안법 체제를 분쇄하기 위한 제2의 민주화 투쟁을 전개하고 민주적 정권 교체를 실현하는 것이었고, 둘째는 기존 야당 정치 세력들이 갖고 있는 정치적·계급적 한계를 타파하고 노동자와 민중의 정치적 이익을 대변할 수 있는 합법적 진보정당을 건설하기 위한 독자정치세력화를 구현해나가는 것이었다.

독자적 정치세력화의 기치를 앞세우고 권영길 후보가 대선에 출마했으나 민주적 정권 교체를 원하는 국민들의 뜨거운 열망 또한 간과할 수 없는 상황이었다. 민주노총, 전국연합, 진보정치연합 등 국민승리21에 참여했던 진보적 정치세력 사이에서는 서로 배치되는 이 두 과제를 놓고 치열한 토론과 논쟁이 펼쳐졌다. 하지만 민주적 정권 교체와 노동자·민중의 독자적 정치세력화 방침을 유기적으로 통일시키지는 못했다. 그 결과 일부 세력들이 이탈하는 사태까지 나타나 국민승리21 대선 과정의 작은 흠집으로 남게 됐다.

이러한 어려움에도 불구하고 국민승리21은 대선 독자후

보 출마 방침을 고수하였고, 권영길 후보가 97년 12월 대선에 출마해 완주했다. 15대 대선 결과 국민승리21 권영길 후보의 득표는 30만 6,026표에 불과했다. 이것은 국민승리21에 참여했던 모든 사람들의 기대치에 훨씬 못 미치는 결과였고, 이들에게 큰 좌절감을 안겨주었다. 하지만 실망스런 결과에도 불구하고, 과거 일부 정치세력들이 독단적으로 추진했던 독자후보와는 달리 민주노총이 주도하고, 전체 진보정치세력들이 다 함께 참여했던 국민승리21의 독자후보 출마는 이후 민주노총의 정치세력화에 디딤돌이 돼 민주노동당 창당으로 나가는 가교 역할을 수행했다는 점에서 그 역사적 의의가 매우 컸다.

15대 대선 직후인 1998년 2월 21일 국민승리21 제2차 운영위원회는 "국민승리21은 진보정당 건설을 목표로 하는 정치조직으로 전환한다"고 결정했다. 또한 국민승리21의 핵심 주역이었던 민주노총은 대선 평가 보고서에서 다음과 같이 평가했다.

"대선에서 국민승리21은 30만 6,026표를 얻어 1.2퍼센트의 득표율을 기록했다. 이는 국민승리21의 내부 득표 목표인 100만 표, 민주노총 조합원 55만 명에도 훨씬 못 미치는 실망스런 결과였다. 이런 득표상의 실패는 '유의미한 득표로 진보정당 건설의 국민적 지지 기반을 획득하고 이를 통해 진보정치 세력의 현실정치 세력으로의 정립'이라는 과제 실현에 한동안 어려움으로 작용할 것이다. 그러나 득표상의 실패로 인하여 '97 대선을 통한 민주진보 진영의 정치적 가능성 확보' 라는 성과가 부정되어서는 안 된다. 97 대선의 기본 목표가 노동자 정치세력화를 위한 인적·조직적·물적 기반 확보에 있다고 할 때 민주진보 진영은 97 대선 투쟁을 통해 정치세력화의 단초를 마련하는 성과를 거두었다.

그 성과로는 첫째, 민주진보 진영이 최초의 단일전술 구사를 통해 정치적 단결을 이룸으로써 향후 민주진보 진영의 정치세력화를 위한 진전된 성과를 축적했다. 둘째, 민주진보 진영의 현실 정치 경험과 이를 통한 전국 약 70여 개 지부, 220개 선거연락사무소, 700여 명의 상근자와 1,500명의 자원봉사단, 약 4만 명의 회원, 후원자 조직 등의 성과를 남김으로써 이를 통한 정치토론, 조합원 교육, 정치위원회 활성화, 정치실천단 구성(약 2만 5,000명)이 이루어졌다. 셋째, 현장 및 지역에서 정치 활동을 전개하는 등의 성과를 남겼다. 넷째, 그 결과 부족하나마 최초로 노동자의 정치적 단결을 이루어냈다(노동자 밀집 지역에서 상대적으로 높은 득표 확인—30만 표 중 약 15만 표가 민주노총 조합원 표로 분석됨).

이러한 성과를 향후 진보정당 건설을 위한 토대로 계승·발전시켜야 하며 진보정당 건설을 목표로 중장기적인 전망과 계획하에 구체적 사업이 보다 더 치밀하게 준비되어야 한다. 이를 위해선 우선적으로 '국민승리21의 성과를 모아 진보정당 건설을 지향하는 정치 조직을 어떻게 건설할 것인가'가 고민되어야 한다."

이러한 평가에 기초해 1998년 5월 20일 민주노총 임시대의원대회에서 "국민승리21을 확대·개편하여 노동자 중심의 진보정당을 건설하기 위해 적극 지원·연대한다"는 결의가 이루어졌다. 민주노총의 이러한 결정에 힘입어 국민승리21은 진보 진영의 정치세력화를 주도적으로 추진해나갈 수 있는 발판을 획득했다. 그리고 1998년 6월 4일 지방선거에 참여한 국민승리21은 민주노총과 함께 49명의 공천후보를 냈는데 그 가운데 22명이 당선(기초의원의 경우 40명이 출마해 17명 당선, 광역의원의 경우 6명이 출마해 2명 당선, 기초단체장은 3명이 출마해 모두 당선)되는 성과를 거두었다.

6·4 지방선거에서 진보정당의 가능성을 확인한 국민승리21은 1998년 9월 17일 제3차 중앙위원회를 열고 "진보정당 건설에 동의하는 모든 민주진보 세력과 함께 늦어도 99년 5월까지 전보정당을 창당하며", "진보정당 건설에 뜻을 같이 하는 단체 및 개인들과 함께 98년 말까지 창당추진기구를 구성해 진보정당을 공동으로 건설하기 위해 노력한다"는 결정을 내렸다. 이날 창당결의안을 통해 국민승리21은 지금 진보정당을 건설해야 하는 이유에 대해 "전세계적으로 전개되는 신자유주의 공세와 특히 한국에서 심화되는 경제위기 속에서 노동자·민중의 삶은 생존의 벼랑 끝으로 내몰리고

있고 지난 10년간의 투쟁의 성과를 하루아침에 송두리째 빼앗기는 절박한 상황에 놓여 있다. 이처럼 동시에 엄습해오고 있는 삶과 운동의 위기는 진보정당 건설의 정당성과 긴박성 그리고 진보정당의 대중적 기반을 창출하고 있다. 이제 진보정당 건설은 역사적 당위에서 현실적 목표로 더 이상 유보할 수 없는 실천 계획으로 자리 잡아야 한다"고 밝혔다. 또한 진보정당의 조직적 기초를 어떻게 강화할 것인가에 대해서 "진보정당의 건설 사업은 크게 두 단계로 나누어 설정할 수 있다. 첫 번째 단계는 국민승리21의 확대·강화를 통해 창당 조건을 확보해가는 과정이며, 두 번째 단계는 창당 발기인 모집, 창당 준비위원회 결성, 지구당과 중앙당 결성 등 법적 절차를 밟아나가면서 창당 사업을 가시화하는 과정"이라고 밝혔다. 국민승리21이 창당의 원칙으로 제시한 5대 원칙은 ① 노동자가 주도적으로 참여하는 정당 건설 ② 투쟁 속에서 건설하고 대중 속에서 성장하는 정당 건설 ③ 밑으로부터 민주적 절차에 따라 전체 당원들의 총의로 운영되는 정당 건설 ④ 폭넓은 민주·진보 세력의 참여와 단결을 원동력으로 하는 정당 건설 ⑤ 국가 경영을 책임질 대안 정당, 정책정당 건설이었다.

국민승리21은 공개적이고 집단적인 논의를 거쳐 대중적인 정당을 창당하기 위해 '원탁회의'라는 방식을 채택하기로 했다. 그에 따라 1999년 1월 25일 세종문화회관에서 진보정당 창당 제안 1차 원탁회의가 개최되었다. 이 원탁회의에는 국민승리21의 권영길 대표와 중앙 및 지역 간부들, 민주노총 이갑용 위원장과 연맹 지역본부 대표자, 윤정석 전국농민회 전 의장, 양연수 전국빈민연합(준) 의장과 지역대표자 등 150여 명이 참석했고, 1999년 4월에 진보정당 추진기구를 구성하기로 결정했다. 이후 민주노총은 3월 9일과 10일 중앙집행위원회를 개최해 "민주노총은 노동자 중심의 진보정당 창당을 위해서, 이에 동의하는 모든 변혁적·진보적 정치 세력과 함께 1999년 4월 중에 진보정당 창당을 위한 추진기구를 구성한다. 구체적 내용은 이후 국민승리21에 참여하는 제 단체와 협의해 결정한다"고 결의했다.

그리고 3월 14일, 560명이 참여한 제2차 원탁회의를 개최해 진보정당 창당 준비위원회를 구성했다. 이어 1999년 4월 18일 '진보정당 창당추진위 결성대회'를 개최해, 규약을 심의·의결하고 공동대표로 권영길, 이갑용, 양연수 3인을 추대해 노동자가 앞장서는 민중 중심의 진보정당을 결성하겠다고 선포했다.

1999년 6월 13일에는 서울 세종문화회관에서 제2차 진보정당 창당 추진위원회를 개최해, 창당준비위원회의 출범 시기를 확정하고, 공동대표에 학계를 대표해 김세균 교수를 추가 선출했으며, 집행위원장에 천영세를 선출했다. 이어 1999년 7월 10일 국민승리21은 제4차 중앙위원회를 열어

전보정당 준비위원회 출범을 앞두고 발전적으로 해산하는 결정을 내렸다. 이로써 국민승리21은 역사의 무대에서 사라졌다. 국민승리21은 해체되었지만, 민주노동당 창당을 앞에서 이끌어나간 일등공신이었다.

드디어 1999년 8월 29일 여의도 63빌딩 국제회의장에서 진보정당 창당추진위원회 주최로 진보정당 창당 발기인대회가 열렸다. “민중의 힘으로 세상을 바꾸자”, “전 민중이 하나되어 진보정당 건설하자”라는 현수막이 당당히 위용을 뽐냈다. 이날의 가장 큰 쟁점은 당명을 무엇으로 정할지였는데, 두 시간 가까운 토론과 네 번의 투표 끝에 민주노동당이 651표를, 통일민주진보당이 611표를 얻어 민주노동당이 당명으로 채택되었다. 이날 공동대표로는 권영길·이갑용·양연수가, 사무총장으로는 천영세가 만장일치로 선출되었고, 공동대표들의 합의추대로 권영길을 상임대표로 선출함으로써 민주노동당(가칭) 창당준비위원회가 출범했다.

2000년 1월 30일, 올림픽공원 역도경기장에서 민주노동당 창당대회가 열렸다. 역사에 길이 남을 소중한 순간이었다. 당대표로는 권영길, 부대표로는 노회찬·박순보·양경규가, 사무총장으로는 천영세가 선출되었다. 이날 발표된 「창당 선언문」의 내용은 다음과 같다.

우리는 오늘 민주, 평등, 해방의 새 세상을 향한 민중의 열망을 담아 민주노동당 창당을 선언한다. 민주노동당의 창당 정신에는 지난 한 세기 동안 이어져온 한국 민중의 민족해방, 민주주의, 평화 통일, 평등 사회를 향한 투쟁의 역사가 깊이 새겨져 있다.

민주노동당은 노동자·농민·빈민·중소상공인의 정당이며, 여성·청년·학생·진보적 지식인의 정당이다. 우리 당의 주인은 바로 땀 흘려 일하는 모든 사람들, 사회적 불평등과 차별, 억압으로 고통받는 사람들이다.

지난 세기는 민중이 배제된 소수 특권층의 정치, 시장의 횡포에 의한 소수의 풍요와 다수의 빈곤으로 막을 내렸다. 민주노동당이 만들어나갈 새천년은 민중 주체의 정치와 민주적 경제 체제를 통하여 인간적 가치를 실현하고 미래에 대한 희망을 가질 수 있는 세상이다.

민중에게 희망을 주는 새로운 정치 세력의 출현은 시대적인 요청이다. 민주노동당은 2000년을 부패와 지역주의로 얼룩진 후진적 정치 청산의 원년으로 만들고자 한다. 민중 주체의 민주정부를 수립하고 형식적 민주주의를 넘어 참여와 자율에 의한 실질적 민주주의로 나아가고자 한다.

노동자와 민중이 주체가 되고 사회의 부가 소수에게 장악되지 않는 평등 사회, 개인의 창조성과 성과를 존중하면서 제도화된 인간과 인간의 차별을 극복하는 평등 사회는 우리의 흔들리지 않는 목표다.

민주노동당은 국제 투기자본의 공격과 미국의 군사 패권주의에 반대하고 호혜와 평등, 자주성에 기초한 국가 관계를 만들어나갈 것이다. 또한 자주적이고 민주적인 통일 조국의 건설을 통해 남북한 사회의 진보를 이루어내는 데 전력을 다할 것이다.

민주노동당 창당은 환경과 인간이 공존하고, 여성과 남성이 평등한 지위를 누리며, 결식 아동·노인·장애인 등 모든 사회적 약자가 동등한 권리를 갖는 새시대를 알리는 우렁찬 북소리다. 우리 민주노동당은 한국 사회의 다양한 진보세력과 민주주의를 열망하는 개인의 총화를 이루어 내는 데 혼신의 노력을 기울일 것이다.

또한 민중의 희생을 강요하는 신자유주의와 군사적 위협, 인권 침해에 반대하는 세계의 모든 진보 세력과 굳건한 연대를 맺을 것이다. 우리는 이제 새 시대, 새 세상을 여는 힘찬 발걸음을 시작한다.

이미 보수정치의 벽은 변화를 향한 민중의 열망 앞에 균열을 보이고 있다. 민주노동당과 함께 부패와 억압, 차별을 낳는 보수정치를 무너뜨리는 거대한 물결이 되어 나아가자.

민주노동당의 창당은 이 땅 정당민주주의의 발전과 진보정당 운동에 있어 불멸의 획을 긋는 역사적인 사건이었다. 노동자와 민중은 이제 자신의 정치적·경제적 이익을 대변하고 대표할 수 있는 정치적 무기를 손에 쥐었다. 노동자와 민중이 지난날의 학대받고 탄압받기만 하는 무기력한 존재가 아니라, 합법정당이라는 정치적 무기를 손에 틀어쥐고 자신들의 요구를 거침없이 내세우고 관철할 수 있는 당당한 존재로 우뚝서게 된 것이다. 민주노동당의 창당이 더욱 의미 있는 것은 소수 몇몇 사람들의 힘에 의해 당이 만들어진 것이 아니라, 노동자 계급의 계급적 이익을 대표하는 대중조직인 민주노총이 조직적으로 결심하고 노동자들이 앞장서서 당의 기초를 만들고, 여기에 진보적 정치 세력들이 단결해서 전체 진보 진영의 총의로 대중적 힘에 의해 당이 건설되었다는 것이다. 또한 한국 정당민주주의의 정상적 발전을 저해하고 있었던 보수독점 정당 체제에서 보수와 진보의 생산적 경쟁이 가능한 새로운 정당 구조 형성의 단초를 마련했다는 점에서 큰 의의가 있었다.

5장
통합진보당은 어떤 정당인가?

민주노동당의 창당은 한국 정당사에서 혁명이라 할 만한 일이었다. 민중 스스로가 정치의 주인이 되는 새로운 민중 주체 정치시대, 진보정치의 새로운 시대, 한국 정당민주주의의 새로운 장이 열린 것이다.

민주노동당은 민중 투쟁의 현장에 가장 가까이 다가가 민중과 함께 생사고락을 같이했다. 노동자의 파업 현장에, 농민들의 생존권 투쟁 현장에, 도시 철거민들의 철거 반대 투쟁의 현장에, 중소상공인들의 생존권 투쟁 현장에, 효순이 미선이 촛불시위 현장에, 신자유주의 반대 투쟁 현장에, 한미FTA 저지 투쟁 현장에, 용산미군기지 평택 이전 저지 투쟁 현장에, 민중들의 반전평화 투쟁 현장에, 6·15 공동선언 이행 투쟁 현장에 항상 민주노동당의 깃발이 나부꼈다. 또한 민중의 이익을 실현하기 위한 진보적 정책들을 제시하고, 다양한 정책 활동을 펼쳐왔다. 무상의료, 무상교육, 부유세를 주장하고 학교무상급식 조례 제정 운동, 통신비 인하 운동, 중소 영세상인 살리기 운동 등을 펼쳤다. 민주노동당의 이러한 활동으로 인해 '복지' 담론이 모든 정당들의 주요 슬로건이 되었고, 복지 경쟁이 진행되는 진풍경이 펼쳐졌다.

한편 민주노동당은 기존 정당과 달리 당원이 당의 참다운 주인이 되는 진성당원제에 기반한 민주 정당이었다. 당의 모든 의사결정, 특히 공직과 당직이 당원들의 직접 투표에 의해 상향식으로 결정되었다. 우리나라의 정당민주주의를 가로막는 가장 큰 문제점은 기존 정당이 엘리트 정당이며, 당원들조차도 당 활동의 주인으로 대접받는 것이 아니라 둘러리였다는 점이다. 이러한 현실에서 민주노동당은 처음으로 진성당원제의 기치를 들고 당내민주주의를 실현했다.

민주노동당은 소수 정당임에도 불구하고 한국 정당민주주의의 성장을 돕는 촉진제 역할을 수행함으로써 한국 정당정치의 발전에 커다란 기여를 했다.

2000년 창당과 함께 16대 총선을 맞은 민주노동당은 국민소환제 실시와 부정축재재산몰수를 통한 근본적인 정치개혁, 정리해고제 중단과 40시간 노동제 정착을 통한 고용안정, 누진세율 강화와 복지예산 2배 확충을 통한 사회적 평등의 실현 등 3대 핵심 공약과 국가보안법 폐지, 군복무기간

18개월 단축, 정당명부제 도입 등 24개 일반 공약을 발표하고 본격적인 선거 운동에 들어갔다. 21개 선거구에서 후보를 냈는데, 울산 북구와 창원에서 2위 득표를 기록하며 당선 직전까지 갔지만 아깝게도 원내 진입에는 실패하고 말았다. 출마 지역 평균 13.1퍼센트 득표를 거두어 진보정당의 가능성을 확인하기 했지만 전국 득표율 2퍼센트 미만에 그쳐 정당 등록이 취소되는 좌절을 겪어야 했다.

하지만 선거 이후 곧바로 다시 등록을 했고, 매향리 미군 폭격장 폐쇄 투쟁, 민생 살리기 10만 킬로미터 대장정, 상가임대차보호법 제정 운동, 이자제한법 제정 운동 등 민생 투쟁을 전개했으며, 정당명부식 비례대표제 도입을 위한 투쟁을 줄기차게 했다. 이러한 노력으로 2002년 지방선거에서는 광역단체장 7명, 광역의원 91명, 기초단체장 12명, 기초의원 108명이 출마해 기초단체장 2명, 광역의원 11명, 기초의원 32명이 당선되는 성과를 거둔다. 당시 처음으로 도입된 정당 투표를 통해 정당 득표율 8.13퍼센트로 제3당으로 도약하였다. 민주노동당은 2002년 대선을 앞두고 효순이 미선이 투쟁에 앞장섰다. 그해 6월 13일 지방선거가 열린 날 효순이와 미선이라는 두 여중생이 미군 장갑차에 치여 사망했다. 지금은 고인이 된 제종철 당원이 중앙단체에 제안하면서 의정부 미2사단 앞에서 처음 집회가 열렸다. 이후 민주노동당을 중심으로 꾸준히 서명 운동을 벌였다. 그리고 11월 대선을 앞두고 미군이 무죄 판결을 받음으로써 이 운동은 대중적으로 확산되기 시작했다. 종로에서 타오른 촛불의 씨앗은 언론과 인터넷을 통해 퍼져가면서 광화문을 촛불의 물결로 뒤덮었다. 그해 겨울에 열린 대선에서 민주노동당은 득표율 3.9퍼센트를 기록했고 드디어 진보정당 100만 표 시대가 개막됐다.

2004년 4월 15일, 제17대 총선이 치러졌다. 민주노동당은 지역구 123곳의 후보와 비례대표 16명의 후보를 출마시켰다. 결과는 지역구 2석과 비례대표 8석 당선, 정당 득표율 13퍼센트라는 눈부신 성과였다. 민주노동당은 창당 4년 만에 당당히 제3당으로 원내에 입성하는 데 성공했다. 이에 앞서 2003년 11월 1일 민주노동당 임시대의원대회는, 2004년 4월에 치러지는 17대 총선에서 "자주와 평등을 선거 기조로 삼아 보수정치와의 차별성을 분명히 함으로써 진보 대 보수의 선거 구도를 이뤄내고, ① 수권 정당으로서의 정치적 기초 확보 ② 전국 정당의 실현 ③ 정당 득표 15퍼센트 이상 ④ 의석수 10석 이상을 실현한다"는 기본 방침을 확정했다. 그리고 전국농민회와의 정치적 합의를 통해 전국농민회의 배타적 지지를 이끌어냈고, 당헌 전문에 "노동자·농민을 비롯한 민중이 적극적으로 참여하는 대중 정당"임을 명시하기로 했다. 또한 2004년 3월에는 민주노총, 전농과 전여농, 전빈련 등과 함께 '민주노동당 공동 선거운동본부'를 꾸림으로써 당과 기층 대중조직이 주체가 되는 선거 투쟁 체제가 구축되었다. 진보적 지식인, 청년, 대학생 등의 민주노동당 지지 선언도이어졌다. 이처럼 2004년 총선에서는 전체 진보적 정치 세력들이 민주노동당을 중심으로 단합하고 일치단결해서 선거 투쟁을 펼쳐나갔다.

2004년 총선 승리가 갖는 의미는 각별하다. 5·16 군부쿠데타 이후 처음으로 진보정당이 의회에 진출하는 데 성공했기 때문이다. 이로써 진보운동 진영은 대중 투쟁의 공간 외에도 원내 투쟁을 병행할 수 있는 강력한 원내 거점을 확보하게 되었다. 이제 거리에서만 울려퍼지던 민중들의 외침이 의회 내에서도 울려퍼질 수 있게 됐다. 그리고 더욱 의미 있는 것은 민주노동당이 과거 조봉암의 진보당이나 4·19 이후 혁신정당들과 달리 민주노총, 전국농민회 등과 같은 각계각층 대중조직의 힘에 의해 창당되고 발전해왔으며, 이러한 대중단체들과 함께 선거 투쟁을 펼쳐 원내 진출을 이룩하였다는 점이다. 그 전과는 달리 대중적 토대와 조직적 기초가 튼튼히 마련되어 있는 상태에서 원내 진출에 성공했다는 것은 민주노동당의 원내 진출이 일회성 사건이나 정치적 분위기에 의해 우연히 이루어진 일이 아님을 의미했다. 이는 진보정당 운동이 이제 한국 사회의 새로운 역사적 흐름으로 정착되었다는 뜻이었다.

비록 의석수 10석에 불과한 소수 정당이지만 '거대한 소수'의 가치를 내건 민주노동당의 원내 진입은 그 수에 비해 몇십 배의 강력한 힘을 갖고 분단 체제하의 보수독점 정당 체제를 허물어나가는 핵폭탄이 될 수밖에 없었고, 실제로 그러한 역할을 담당했다.

민주노동당의 집단 탈당 사태—그 과정, 원인과 교훈

민주노동당은 원내 입성을 디딤돌 삼아 진보적 집권을 실현하기 위한 야심찬 계획을 수립했다. 집권전략위원회를 만들어 집권 전략을 수립하도록 했고, 수권 정당이자 정책 정당이 되겠다는 목표를 세웠으며, 10만 당원 시대를 열기 위한 대대적인 당원 확대 계획을 수립해서 추진해나갔다. 하지만 '노동자를 대변하는 국회의원이 한두 명만 있으면 정말 좋겠다'던 민중의 바람과 기대에 부응하기엔 민주노동당의 힘이 많이 부족했다. 민주노동당은 민중의 대변자가 되기 위해 노력하는 한편 비정규직 투쟁과 한미 FTA 저지 투쟁을 펼쳤지만 대중들의 기대치에는 미치지 못했다. 2005년 울산 북구 재보궐 선거에서 패배하면서 지도부 총사퇴의 아픔을 겪었고, 2006년 지방선거에서는 대중의 냉혹한 평가를 받아야 했다. 정당 득표 12퍼센트를 획득해 광역비례 10명, 광역의원 5명, 기초비례 14명, 기초의원 52명 등 총 81명이 지방의회에 진출하는 데 그친 것이다. 2007년 대선에서는 3

퍼센트, 72만 표의 득표로 2002년 대선에 미치지 못했다. 당내 분위기가 침체되기 시작했고 특히 2007년 대선에서 기대 이하의 성적을 거두면서 커다란 충격에 빠졌다.

2007년 대선 패배를 계기로 내재되어 있던 당내 갈등이 수면 위로 떠올랐다. 당내 갈등의 구조적 원인은 민주노동당의 이념과 노선의 차이에서 비롯되었다. 민주노동당에는 이른바 자주계열과 평등계열이라는 양대 세력이 있었으며, 창당 초기에 당의 다수파를 이뤘던 세력은 평등계열이었다. 창당 당시만 하더라도 자주계열의 일부 세력들은 합법적 진보정당 창당에 대해 비판적인 견해를 갖고 있었고, 자주계열의 결집체였던 민주주의민족통일전국연합이 민주노동당에 참여하는 데 부정적이었다. 그 결과 자주계열 중에서는 울산연합과 경기동부연합 등 일부 세력만이 창당에 합류했다. 그후 시간이 흐른 2001년 9월, 전국연합도 '3년의 전망과 10년의 계획' 이라는 9월 테제에 합의하게 되었고, 민주노동당에 참여하지 않았던 일부 세력들이 민주노동당에 가입하기 시작했다. 전국농민회 등도 민주노동당에 대한 배타적 지지 방침을 결정하고, 당에 합류했다.

이러한 흐름의 결과 2004년 총선 이후 당내 세력 판도가 자주계열의 우위로 바뀌었다. 자주계열이 당내 다수파로 부상할 수 있었던 데에는 까닭이 있다. 87년 이래로 자주계열은 하향식 합법 정당 건설 노선에 반대하고, 아래로부터 합법 정당의 조직적·대중적 토대를 충분히 구축하고 난 후 정당을 건설해야 한다는 입장을 취해왔다. 그래서 현장과 지역에서 대중 활동에 집중했다. 여성회, 주민회, 청년회 등 기층 대중조직 구축에 심혈을 기울였고, 노동현장과 농촌현장에 들어가 노동운동과 농민운동을 강화·발전시키는 한편 노동자 정치세력화, 농민 정치세력화를 위한 정치적·조직적 기반 구축 사업에 몰두했다. 그 결과 자주계열의 활동가들이 민주노동당에 들어왔을 때 지역과 현장에서의 이들의 조직적·대중적 기반이 평등계열보다 훨씬 튼튼할 수밖에 없었고, 당내 각종 선거에서 우세를 점할 수밖에 없었던 것이다. 반면에 평등계열은 민주노총 내에 일부 대중적 지지 기반이 존재할 뿐이었다. 결과적으로 2004년 이후 당내 각종 선거에서 자주계열이 승리하게 됐다.

자주계열과 평등계열의 이념과 노선은 간극이 어마어마해서 서로 공존할 수 없었을까? 그렇지는 않다. 북한 핵실험에 대한 당의 입장 문제 등 몇몇 특별한 경우를 제외하고는 당 활동을 함에 있어 커다란 이견이나 대립이 발생하지 않았다. 그런데 당내 선거 때만 되면 양 세력의 갈등이 극대화되곤 했다. 경쟁을 통해 당락이 결정되는 선거에서 경쟁이 과열되는 현상이 나타나는 것은 어쩌면 불가피한 것인지도 모른다. 그것이 분당이나 집단 탈당으로까지 이어질 만한 일이었던가. 그런데, 2007년 대선 후보 선출을 둘러싼 당내 갈등은 심상치 않았다. 2007년 대선이 끝나고 4개월 후에는 총선이 치러질 예정이었다. 일반적으로 대선 후보가 되게 되면 차기 당권에 유리한 지위를 차지하게 되며, 당권을 장악하게 되면 총선 비례대표 선정권을 가질 수 있게 된다. 바로 이 점 때문에 자주계열과 평등계열은 2007년 대선 후보를 둘러싸고 사활을 건 경쟁을 펼치게 되었다. 당시 자주계열은 권영길을 후보로 밀었고 평등계열은 노회찬을 밀었는데, 투표 결과 권영길이 후보로 결정되었다. 대선 후보 경선에서 패배한 평등계열은 대선 투쟁에 사보타지로 일관하면서 뒤에서는 집단 탈당 계획을 수립하기 시작했다. 평등계열의 한 분파인 전진그룹은 대선이 한창 진행 중이던 2007년 11월 27일 상임위원회를 개최해 분당 추진을 논의했으나 결론은 나지 않았다. 이미 11월 18일 전진그룹의 집행위원장은 전진그룹 내부 게시판에 '진보신당을 창당하자'는 제목의 분당 주장 문건을 게시한 바 있었다. 그리고 2007년 12월 8일에 전진 중앙위원회에서 총선 전 창당을 기정사실화하고 이를 위한 특별기구를 구성하기로 결정했다. 이런 상황에서 조승수 진보정치연구소장은 《레디앙》에 「코리아 연방으로는 선거운동 못 한다」라는 글을 기고했다. 그는 이 글에서 자주계열을 종북주의 세력으로 매도해, 종북주의 논란을 불러일으켰다. 조승수는 북한을 "군사왕조 집단"이라고 하면서 자주계열은 이런 북을 추종하는 종북 세력이라고 규정했다.

현재 보수 언론에 자주 등장하는 '종북'이라는 단어가 여기에서 탄생한 것이다. 대선이 한창 진행 중인 상황에서 이들은 대선 투쟁에 집중하지 않고 뒤에서 당을 깰 음모를 꾸미고 있었던 것이다. 이들에게 대선 결과는 자신들의 음모를 관철시킬 수 있는 명분을 제공해준 셈이다. 이들은 대선 결과가 기대에 훨씬 못 미치고 2002년 대선보다 훨씬 적은 득표율을 기록하자, 대선을 패배로 규정하고 자주계열에 대한 총공세를 펼쳤다.

대선 직후인 12월 26일, 민주노동당 지도부는 대선 패배에 대한 책임을 지고 총사퇴를 결정했다. 그리고 12월 29일, 민주노동당 중앙위원회를 개최해 심상정을 비대위원장으로 하는 비대위를 꾸리려고 하였으나 실패했다. 당시 비대위의 권한은 최고위의 권한을 수행하되 그 이상의 권한이 필요한 경우 해당 기관에서 위임 여부를 결정키로 하고, 18대 총선에 한해 비례대표 선거 시 전략공천을 대폭 확대해 이에 대한 방침을 비대위에 위임하고 이를 당대회에서 승인받아 집행하며, 당대회 승인에 따라 전략 명부 후보를 추천해 당원 총투표를 하는 것 등이었다. 하지만 이미 탈당을 결심한 일부 중앙위원들은 '종북주의와 패권주의 청산'이 명시되지 않은 비대위안을 수용할 수 없다고 완강히 버텼고, 결국 이날 중앙위는 무산되고 말았다. 이후 탈당 음모 세력들은 언론매체를 매개로 하여 연일 종북주의, 패권주의를 거론하며 자주계열을 공격하기 시작했다. 조승수는 "북한의 군사왕조 정권을 보위하고, 북한식 사회주의로 통일하는 것을 자신의 최고 임무로 하는 세력과는 진보정당을 함께할 수 없다는 것이다."(2007년 12월 24일자 《경향신문》) "또 다른 하나는 종북주의와 이에 바탕을 둔 패권주의가 당내 다수파로 되었다는 점이다"(2008년 1월 6일자 《한겨레》)라고 대대적으로 떠벌이기 시작했다. 특히 진보 진영에서 인터뷰를 거부하기로 합의했던 《조선일보》와도 거리낌없이 인터뷰를 하는 등 상식과 이성을 벗어나 종북몰이의 선봉으로 활약했다.

2008년 1월 12일 민주노동당은 중앙위원회를 열어 심상정 비대위를 출범시켰으나, 1월 12~13일 선도 탈당파들은 '새로운 진보정당 운동'(가칭)으로 전환하기로 결정하고 탈당을 기정사실화 했다. 이어 1월 15일 전진그룹은 패권주의와 종북주의 청산, 제2의 창당을 주장하는 성명서를 발표하였고, 1월 26일 새로운 진보정당 운동을 선언했다. 2008년 2월 3일 민주노동당은 임시당대회를 개최했는데, 여기에서 혁신안 중 '대선 평가와 제명안'만 표결로 부결되자, 심상정 비대위원장은 회의를 중단하고 퇴장해버렸다. 이어 비대위원장 사퇴를 선언했다.

이로써 당의 단결을 모색하기 위한 최후의 노력은 물거품이 되었고, 당내 평등계열의 집단 탈당이 본격화되었다. 평등계열들의 집단 탈당 사태는 성장하고 있던 민주노동당에 크나큰 타격을 입혔고, 이로써 한국 진보정당 운동은 최대의 위기 상황에 직면하게 됐다.

2008년 민주노동당을 위기에 빠뜨린 집단 탈당 사태의 원인과 교훈은 무엇인가?

우선 탈당파들이 탈당의 이유로 대선 패배를 문제 삼은 것은 핑계에 불과했다. 탈당 주도 세력들은 대선이 끝나기도 전에 이미 집단 탈당을 기획하고 추진했다. 앞에서 살펴본 바대로 대선이 본격적으로 시작되기도 전인 2007년 11월 18일 탈당을 주장하는 내부 문건을 돌렸으며, 대선 초반이었던 12월 8일 전진그룹 중앙위에서 2008년 4월 총선 전 신당 창당을 목표로 한 특별기구 구성을 결의하였다. 이러한 사실들로 볼 때 집단 탈당 주도 세력들은 이미 대선 전부터 민주노동당의 분열과 와해를 목표로 하여 조직적인 활동을 시작했다. 이것은 그 어떤 이유로도 변명할 수 없는 분파적이고 분열적인 행태라고 말할 수밖에 없다.

민주노동당에서 집단 탈당 사태가 일어난 것은 대선 패배나 종북주의, 패권주의 때문이 아니었다. 그런 비극적인 사건이 벌어진 것은 바로 탈당 주도 세력들의 당권에 대한 눈먼 야욕 때문이었다. 그들은 가까운 미래에는 결코 자신들이 당권을 다시 장악할 수 없으리라는 비관주의와 패배주의에 빠져, 자주계열이 당 활동을 주도하는 상황에서는 더 이상 민주노동당에 남아 있을 필요가 없다고 판단하여 집단 탈당을 기획했던 것이다. 이러한 비관론과 패배의식에 직접적 영향을 준 것은 2007년 대선 후보 경선과 2008년 비례대표 후보 선출 방식 문제였다. 당시 대선 후보 경선에서 평등계열은 대중적인 인기가 있는 노회찬을 앞세웠다. 그들은 적어도 일대일로 경쟁하는 당원 총투표를 실시하면 승산이 있다는 계산을 했었다. 그런데 예상 외로 자주계열이 추천한 권영길에게 패하고 말았다. 이에 자주계열 세력들의 일반 당원들에 대한 장악력과 영향력을 실감했고, 현재의 당내 세력 구도를 도저히 뒤바꿀 수 없다는 비관적 패배주의에 휩싸이면서 탈당을 기획하게 된 것이다. 게다가 2008년 4월 총선 비례대표 선출 방식이 1인 2표제로 결정되자, 그럴 경우 자주계열이 추천한 후보가 당내 선거에서 압도적으로 유리할 수밖에 없다는 것을 깨닫고 민주노동당에 대한 미련을 버린 것이다. 그들은 오로지 당권과 국회의원에 대한 욕심에만 사로잡혀 당이나 국민 대중은 돌아보지 않고 감히 탈당을 기획하게 된 것이다. 대선이 한창 진행 중인 때에 집단 탈당을 해 새로운 진보신당을 창당하자는 주장을 하고, 집단 탈당을 추진했던 세력들이야말로 대선 패배의 주범들이다. 그럼에도 불구하고 대선 패배를 핑계 삼아 탈당을 결행한 행위야말로 합법적 진보정당을 갈망하는 민중들에 대한 정치적 배신 행위로 규탄받아 마땅하다.

집단 탈당 사건의 또 다른 원인은 탈당 주도 세력들에게 정치적·사상적 한계가 있었다는 것이다. 분단 체제하에서 진보정당 운동은 분단 체제, 분단 이데올로기와의 투쟁 없이는 한 걸음도 전진할 수 없는 법이다. 한국의 진보정당 운동의 역사가 이를 증명해준다. 조봉암의 진보당 사건이 대표적 사례다. 진보정당 운동은 한마디로 분단 체제, 분단 이념과의 투쟁이다. 분단 체제가 강요하고 있는 이데올로기의 덫에 걸리는 순간 그것은 이미 진보라 말할 수 없다. 그런데 평등계열 일부 세력들은 '분단 체제 내에서의 진보정당 운동'을 꿈꾸고 있었다. 이들에게 '일심회 사건'은 충격이었고 두려움이었고 공포였다. 정권의 부당한 공안 탄압에 맞서 싸워야겠다는 생각은 하지 못하고, 자주계열로 인해 당이 망할 수도 있다는 두려움에 빠져 자주계열을 원망하고 비난하기만 했다. 정권으로부터 받을 탄압과 대중적 고립에 대한 두려움이 그들을 압도했고, 자주계열과 같은 당에 있다가는 자신들 역시 종북 세력으로 몰려 매카시즘의 희생양이 될 수 있다는 불안감에 휩싸였다. 그리하여 진보정당이 추구해야 할 기본적 가치를 포기하고, 분단 지배 세력에게 아부하고 굴종하는 정치적 변절 행위를 자행했다. 그것이 바로 자주계열을 종북주의 세력으로 매도하고, 《조선일보》를 비롯한 반북 언론들에 놀아난 것이다. 그들은 박정희·전두환 군부독재 시절, 노동운동을 비롯한 모든 진보적 대중운동 활동가들이 국가보안법의 칼날에 의해 빨갱이로 매도되고, 감옥에 가고, 민주노조가 불법화되고, 진보적 정치 집단들이 반국가·이적 단체로 몰려 감옥에 갇혔던 피어린 역사를 한순간에 잊어버리고 말았다. 그들의 종북몰이 선동은 정권의 진보정당 탄압의 길안내 역할을 했다. 이것은 한국 진보정당사에서 결코 일어나지 말았어야 할 뼈아픈 비극이다.

보다 심각한 것은 이들이 주장하는 종북주의란 아무런 실체가 없는 허구적 주장이라는 점이다. 과연 마르크스·레닌주의를 신봉하고 있는 평등계열 활동가들을 소련의 앞잡이라든가, 종소 세력(소비에트 추종 세력, 스탈린 추종 세력)이라고 규정할 수 있겠는가? 이것이야말로 명확한 매카시즘 선동이 아닌가? 그렇다면 종북주의, 종북 세력이라는 선동에도 같은 논리가 적용되어야 할 것이다.

그렇다면 집단 탈당 사태는 불가피한 것이었나? 그렇지 않다. 탈당 주도 세력들은 평등계열의 일부 세력에 불과했다. 대다수의 평등계열 활동가들은 민주노동당의 창당 정신과 진보정당의 기본 이념에 걸맞게 전체 진보정치 세력들의 단결을 원했으며, 분당 또는 집단 탈당에 반대했다. 그럼에도 불구하고 집단 탈당 사태가 초래됐던 것은 평등계열 대다수 활동가들이 일부 탈당 주도 세력들의 그릇된 주장에 휩쓸렸기 때문이다. 왜 그렇게 되었을까? 이에 대한 책임은 전적으로 자주계열의 몫이다.

민주노동당 창당 이후 자주계열 활동가들이 다수파가 된 것은 필연적인 일이었다. 그들은 대중 속에 들어가 지역과 현장에서 대중들과 동고동락했고, 대중적 지지 기반과 신뢰를 획득했다. 이러한 대중의 지지에 힘입어 민주노동당 내에서 다수파로 부상했다. 이것은 필연적이었고 자연스런 결과였다. 문제는 그 다음이었다. 자주계열 활동가들이 당내 다수파가 된 후 당의 단결을 앞세우는 정치 활동을 펼쳤어야 했다. 당의 통일과 단결을 무엇보다도 중시하고, 당내 단합을 위해 희생적이며 헌신적인 모습을 보여줌으로써 통일·단결의 새로운 모범을 만들어냈어야 했다. 그런데 이러한 활동에서 부족한 점이 많이 있었다고 솔직하게 고백하지 않을 수 없다. 수적 다수를 앞세워 형식적·절차적 민주주의만을 앞세웠다. 소수에 대한 배려와 존중의 정치를 하지 못했다. 패권주의라는 비판은 틀렸지만, 그러한 선동이 평등계열 내에서 통했던 것은 자주계열 활동가들의 미숙한 활동 탓이 크다. 진보적 정치 세력들의 단결이야말로 진보정당 운동의 생명선이라는 자각이 부족했다. 그 결과 당의 단결을 실현하기 위한 투쟁을 소홀히 했다.

민주노동당의 부활—진보적 집권을 향한 새로운 도약

심상성 비대위의 좌절, 그리고 평등계열 활동가들의 집단 탈당 사태는 민주노동당을 크게 뒤흔들었다. 당은 위기를 맞았고, 당원들은 동요했고, 혼란스러운 상황이 펼쳐졌다. 이러한 위기 상황에서 민주노동당은 2008년 2월 19일 중앙위원회를 개최해, 천영세 비상대책위원장, 정성의 집행위원장으로 구성된 천영세 비대위 체제를 출범시켰다. 천영세 비대위는 혼란에 빠진 당을 발빠르게 수습하면서 얼마 남지 않은 18대 총선 준비에 착수했다. 당이 와해될 수도 있는 처지였지만 당원들의 힘을 결집시켜 총선을 돌파했다. 결과는 정당 득표율 5.68퍼센트 획득, 비례 의석 3석이라는 초라한 성적이었다. 하지만 지역구 당선자가 2명 탄생해서 총 5석을 당선시켜 재기의 발판을 만들어내는 데 성공했다. 4년 전에 비해 의석수가 절반으로 줄었지만, 집단 탈당의 위기 속에서 일궈낸 5석은 민주노동당에게 새로운 희망의 등불이 됐다.

18대 총선에서 5명의 일꾼을 국회로 진출시킴으로써 재생의 기회를 얻은 민주노동당은 2008년 6월 당원들의 직접 선거를 통해 강기갑 대표 체제를 출범시켰다. 농부 출신의 당대표를 세움으로써 민중과 함께 투쟁하는 정당으로서 자기 성격을 명확히 했다. 그리고 총선 이후 불붙기 시작한 광우병 촛불시위에 당력을 총집중했고, 강기갑 대표는 촛불의 상징으로 부각되었다. 민주노동당의 대중적 지지가 다시 확대되기 시작했다. 집단 탈당 사태의 후유증을 서서히 극복하고 노동자·민중의 대변자로서 자리 잡기 시작했다. 또한 '정책 정당화', '수권 정당화', '노동 중심성 구현'이라는 기치를 들고 새로운 도약을 준비해나갔다. 이를 위해 2009년 6월 부산 벡스코에서 국내 정당 역사상 최초로 제1차 정책당대회를 개최했다. 전국 각지에서 모여든 1,500여 명이 참여한 정책 당대회에서는 이명박 정권 퇴진 투쟁 결정, 당의 이념으로서 진보적 민주주의 정립, 진보정치대연합 실현, 2012년 진보적 정권 교체 실현을 위한 야권연대 방침 등 네 가지 중요한 방침이 결정되었다. 이러한 방침에 따라 민주노동당은 2010년 지자체 선거를 2012년 진보적 정권 교체 실현을 위한 교두보를 확보하는 중요한 정치적 의의를 갖는 선거로 규정하고, 당력을 총집중해 야권연대 실현을 위한 투쟁을 시작했다. 그 결과 2010년 6·3 지방선거에서는 3월에 터진 천안함 사태에도 불구하고 민주노동당이 줄기차게 주장해왔던 무상급식 문제가 지방선거의 핵심 이슈로 부상하였고, 이명박 정권에게 결정적 타격을 주는 야권의 대승리로 끝났다. 민주노동당 역시 4명의 기초단체장과 139명의 광역 기초의원을 당선시키는 데 성공함으로써 지방선거사상 최고의 성적을 거두었다. 더욱 의미 있는 것은 수도권에서 2명의 기초단체장을 당선시키는 쾌거를 이룩했다는 것이다. 2010년 6월 지방선거에서 대승을 거둬 재건 투쟁을 성공적으로 마친 민주노동당은 이정희 대표 체제를 출범시키고,

수권 정당으로 도약하기 위한 야심찬 계획을 수립했다.

통합진보당의 역사—창당, 분당, 탄압의 역사

이정희 대표 체제의 첫 과제는 2009년 정책 당대회에서 결정한 진보정치대통합 사업을 추진하는 것이었다. 민주노동당은 2010년 1월 중앙위원회에서 "노동자, 농민, 서민을 진보정치대통합의 주인으로 세우고 아래로부터의 진보정치 대통합 운동을 전개하자"고 결의하고, 향후 '진보정치대통합 추진위원회'를 당내 최고위원회 산하에 구성하기로 결정했다. 이로써 민주노동당 내에서 진보정치대통합 논의가 수면 위로 올라왔다. 하지만 당시 진보신당에서 이에 대해 부정적 태도로 일관해 실질적인 추진은 이루어지지 못했다. 지방선거 승리로 자신감을 갖게 된 민주노동당은 2010년 6월 22일 중앙위원회를 열어 2012년 총선 전까지 진보정치대통합을 반드시 실현하겠다고 선언했다. 강기갑 대표 체제를 이어받은 이정희 대표 체제는 진보정치대통합 사업을 핵심사업으로 설정하고, 이를 위해 다각적으로 노력했다. 그 결과 2010년 12월 7일 진보신당 조승수 대표와 양당 대표회담을 개최해 "'진보정치대통합과 새로운 진보정당 건설'에 앞장서기로" 합의했다. 그리고 2011년 1월 20일 민주노동당, 진보신당, 사회당과 민주노총은 국회에서 '진보정치대통합과 새로운 진보정당 건설을 위한 진보 진영 대표자 1차 연석회의'를 열고 진보정당 통합에 대해 논의했다. 2011년 5월 6일 진보 진영 대표자 4차 연석회의에서 3차 합의문이 발표되었으나 진보신당 내에서 반발에 부딪혀 진통을 겪다가 5월 31일 회의에서 최종적으로 정책과 가치에 대한 최종합의문이 발표되어 진보정치대통합 일단계 고지를 통과했다. 이제 남은 것은 통합 방식과 지도 체제 문제뿐이었다. 2011년 6월 7일 유시민 국민참여당 대표가 진보정치대통합 참여 의사를 밝힘으로써 새로운 국면이 조성되었다. 2011년 6월 19일 민주노동당 정책 당대회에서 연석회의 최종합의문이 승인되었고, '사회주의 이상과 원칙을 계승한다'는 문구가 빠진 진보적 민주주의 강령이 통과되었다. 반면에 2011년 6월 27일 임시 당대회를 연 진보신당은 민주노동당과의 합당 결정을 8월로 미뤘다. 2011년 8월 27일 민주노동당, 진보신당, 민주노총은 연석회의 최종합의문에 따라 '새로운 통합 진보정당 추진위원회' 구성을 발표하였으나, 진보신당은 9월 4일 대의원대회에서 통합수임기구 구성의 정족수인 2/3를 넘지 못해 참여가 부결되었다. 이로써 진보대통합 움직임은 새로운 국면을 맞게 됐다. 진보신당의 참여가 무산된 조건에서 진보대통합 문제를 어떻게 풀 것인가에 대한 논의가 분분했다. 2011년 9월 25일 임시 당대회에서 참여당과의 통합이 안건으로 제출되었으나, 64.6퍼센트의 지지밖에 얻지 못해 의결 정족수 2/3를 얻는 데 실패함으로써 참여당과의 통합이 일단 좌절되었다. 하지만 2011년 11월 20일 민주노동당, 국민참여당, 새진보통합연대(진보신당 탈당파)가 통합을 선언함으로써 진보정치대통합이 최종적으로 합의됐다. 이후 2011년 12월 5일 통합정당 수임기구 합동회의에서 당명을 '통합진보당'으로 하고, 이정희·유시민·심상정이 공동대표를, 강기갑이 원내대표를 맡는 지도 체제가 합의됨으로써 통합진보당이 공식 창당됐다. 2012년 2월 5일 일산 킨텍스에서 5,000여 명의 당원이 참석한 가운데 통합진보당 창당대회 및 총선 결의대회가 진행되었다.

통합진보당은 창당 직후 2012년 4월 총선을 맞아 야권연대를 주도하면서 정당 득표율 10.31퍼센트, 원내 의석 13석을 획득했다. 이 성적은 원래 목표였던 20석 이상, 원내교섭단체 구성 목표에 미치지 못했을 뿐 아니라, 내부적으로 최소 목표로 설정했던 15석에도 미치지 못하는 저조한 성적이었다. 하지만 진보정치대통합과 야권연대의 효과로 5석의 지역구 의석을 얻음으로써 민주노동당 창당 이후 최대 지역구 의석을 확보했을 뿐 아니라, 수도권에서 4석을 확보하는 성과를 거둠으로써 원내 3당으로서의 지위를 튼튼히 구축하는 데 성공했다. 하지만 비례대표 10석 정도는 너끈히 얻을 수 있을 것이라는 예측이 빗나감에 따라 비례대표 후보 선출 과정에서 발생했던 잡음이 다시 촉발될 수밖에 없는 상황에 직면하게 됐다. 우려했던 대로 참여계 유시민 대표에 의해 부정 경선 논란이 촉발되었고, 통합진보당은 심각한 내분에 휩싸였다. 여기에는 비례대표 경선의 진상을 정확히 규명하고 대책을 마련함으로써 당내 통합과 단결을 실현하려는 것이 아니라, 의도적으로 당내 분열을 격화시켜 통합진보당을 와해해보려는 불순한 의도가 개입되어 있었다. 이는 조준호 진상규명위원장의 허위·날조된 진상보고서에서 명확히 그 의도가 드러났다. 조준호는 일부 불순 세력들의 조종하에 당내 경선을 '총체적 부실과 부정'으로 규정한 왜곡된 진상보고서를 발표하였는데, 이는 의도적으로 당내 일부 세력(경기동부연합 계열)을 부정 선거의 주범으로 매도하고 당내에 반동부 분위기를 조성해 당을 파탄 상황으로 몰아가려는 음모였다. 이 발표로 인해 통합진보당은 수습할 수 없는 내분에 빠졌고, 5월 4일 통합진보당 운영위원회는 다수의 폭력으로 비상식적인 경선 후보 사퇴 촉구안을 가결시키는 만행을 저질렀다. 이로써 당내 갈등은 적대적 대결 양상으로 발전할 수밖에 없었고, 급기야 5월 12일 중앙위 폭력 사태가 일어났다. 통합진보당은 분당 상황으로 치달아갔다. 분당을 막기 위한 노력이 없지 않았지만, 7월 당내 선거를 통해 당대표로 당선됐던 강기갑 대표가 8월 초 탈당을 선언함으로써 통합진보당은 반쪽으로 갈라져버렸다. 이로써 통합진보당은 진보정치대통합 이전의 상태로 회귀해버렸다.

이후 통합진보당은 당 내부를 정비하기 위해 안간힘을 쏟는 한편, 국정원 대선 불법 개입 투쟁에 전력을 쏟으며 조금식 대중들의 신뢰를 되찾았다. 그러나 8월 28일 이석기 의원 내란음모 사건이 발생했고, 11월 5일에는 통합진보당 정당해산심판 청구가 헌법재판소에 제출되어 통합진보당은 절체절명의 상황에 놓이게 됐다.

6장
진보정당과 북한의 관계

지난 2011년 1월 20일, 대한민국 대법원에서 소리 없이 역사적 재판이 열렸다. 간첩죄로 사형을 언도받아 1959년 7월 31일 형장의 이슬로 사라진 죽산 조봉암과 진보당 사건에 대한 재심이 진행된 것이다. 조봉암 사후 52년 만에 열린 재심 공판에서 대법원장과 대법관들은 만장일치로 조봉암의 무죄를 선고했다. 주문 내용은 이렇다. "원심 판결과 제1심 유죄 부분을 각 파기한다. 이 사건 공소 사실 중 양이섭 관련 간첩의 죄는 무죄, 제1심 판결 중 진보당 관련 국가보안법 위반에 대한 검사의 항소는 기각한다."

이 재판 결과에 대해 대다수 언론들은 '조봉암 재판은 이승만 시대에 벌어진 사법 살인이며, 이승만이 사법부를 동원하여 정적을 살해한 것'이라고 보도했다.

조봉암과 진보당 사건은 이승만 집권 시기인 1957년에 발생했다. 죽산 조봉암은 1898년 경기도 강화에서 태어나 일제강점기에는 항일민족해방운동가로 활동하였으며, 공산주의 운동에도 참여했던 인물이다. 해방 이후에는 박헌영의 사상에 대해 반대 의견을 갖게 되면서 공산주의 노선에서 벗어나, 이승만 정부에 참여하였다. 이승만 대통령 시절 제헌국회에서 의원에 당선되고 국회부의장에 선출되었으며, 초대 농림부 장관으로 일했다. 그는 농림부 장관 시절 농지개혁법, 양곡매입법 등의 진보적 농정을 펼치면서 국민의 신임을 받았다.

그러나 이승만 정권이 독재로 치닫자, 이승만의 독재와 독선을 비판하면서 반이승만 전선에 서게 된다. 1952년 전쟁의 와중에서 치러진 제2대 대통령 선거에 출마하여, 이승만과는 근소한 표차로 낙선하게 된다. 그후 1954년 사사오입 개헌을 계기로 야당 의원들이 민주당을 창당하자, 여기에 참여하지 않은 범혁신계(진보 진영)는 1955년 12월 22일 가칭 진보당 발기 취지문과 강령 초안을 공표하고, 진보당 추진위원회를 구성하고, 1956년 대통령·부통령 후보 지명을 위해 전국추진대표자회의를 소집하여 정강·정책을 채택하고 창당추진위원회를 구성했다. 여기에서 조봉암이 대통령 후보로 선출되어 1956년 5월 15일에 치러진 제3대 대통령 선거에 출마하게 되었다.

제3대 대통령 선거는 원래 진보당 조봉암, 민주당 신익희,

자유당 이승만의 삼파전으로 출발했으나, 선거운동 도중에 민주당 신익희가 사망해 조봉암과 이승만의 양자대결로 진행되었다. 이 선거에서 조봉암은 이승만에게 패배했지만, 무려 약 216만 표(이승만 506만여 표)를 획득하는 기염을 토했다. 조봉암은 대통령이 되는 데에는 실패했으나 국민의 광범위한 지지를 확인했다. 그후 진보당은 1956년 11월 10일에 창당대회를 열고 1958년 5월에 실시될 국회의원 총선거를 준비했다. 그리고 1957년 5월 16일 진보적 민주주의 세력이 정치의 주도권을 잡아야 한다는 주장과 함께 평화통일론을 제시했는데, 이 통일론으로 인해 1958년 1월 13일 국가보안법 위반으로 진보당 간부 18명이 구속되었고 당수 조봉암은 사형에 처해졌으며 2월 25일 진보당의 정당등록이 취소되었다. 이로써 진보당은 창당 14개월 만에 이승만 정권에 의해 강제 해산당했다.

조봉암과 진보당은 북한을 적대시하며 무력으로 통일을 해야 한다는 생각이 지배적인 사회 분위기에서, 당당하게 평화통일론을 주장했고 그로 인해 탄압을 받아야 했다. 조봉암은 제3대 대통령 선거 공약으로 "남북한에 걸쳐 조국의 통일을 저지하고 있는 극우·극좌의 불순 세력을 억제하고 진보 세력이 주도권을 장악함으로써 유엔 보장 아래 민주 방식에 의한 평화 통일을 성취한다"고 주창했다. 조봉암은 바로 이 평화통일론 때문에 이승만 정권에 의해 형장의 이슬로 사라졌다.

한국 현대사는 북진통일론과 그를 계승한 흡수통일론을 고수하고 있는 분단 세력, 그리고 평화통일을 원하는 세력 사이의 피나는 투쟁과 대결의 역사였다고 해도 과언이 아니다. 지금까지 분단 지배 세력들은 평화통일을 지향하는 모든 진보적 단체와 정당들에게 국가보안법이라는 몽둥이를 휘둘러왔다. 그리고 통합진보당 해산 시도 역시 그 대표적인 사례다.

한국 사회에서 진보정당 운동은 분단 체제나 분단 이데올로기와 공존할 수 없으며, 분단 체제를 허물어뜨리지 않고서는 진보정당은 결코 발전할 수 없다. 이것이 바로 통합진보당과 북한, 그리고 진보정당과 분단 체제에 대한 관계를 묻는 질문에 대한 가장 명확한 대답이다. 한반도 분단 체제는 외세에 의해 강요된 냉전 이데올로기 대립의 산물이지만, 반공 이데올로기는 우리 사회 곳곳에 깊숙이 스며들어 내면화되었고 한국 사회의 발전과 진보의 가장 큰 걸림돌로 존재하고 있다.

무릇 정치란 본질적으로 이념적인 것이다. 이념이란 계급적 이해관계라는 뿌리에서 자라난 것으로, 사회 현상에 대한 계급적·정치적 견해와 입장을 체계화한 것이라고 할 수 있다. 그리고 이념에 기초해 정치적 결사체가 만들어지며, 다종다양한 정치적 결사체들이 자유롭게 경쟁하는 정치 체제가 바로 자유민주주의 체제라 할 수 있다. 정치적 이념을 자유롭게 표방하고 결사할 수 있는 자유가 봉쇄된 사회에서는 정당정치가 제대로 발전할 수 없다. 그런데 대한민국은 출발 당시부터 이러한 자유가 분단이라는 이름하에 원천적으로 봉쇄되었다. 그러니 정당정치가 성숙할 수 있었겠는가? 분단 질서하에서 정당정치는 무늬만 정당정치였지, 기실은 아무런 정치적 이념과 비전을 제시하지 못한 채 단순히 권력을 탐하는 무리들의 유희에 불과했다. 대한민국 국민 대다수, 생산의 주역이자 생산력 발전과 사회적 진보의 주체인 노동자와 농민 등 기층 민중들은 자신들의 정치적·계급적 이익을 대변할 수 있는 이념의 자유를 봉쇄당했으며, 자신들의 정당을 가질 수도 없었다.

이 땅의 노동자와 민중들은 자신들의 정치적 이해를 대변할 수 있는 자주적인 정당을 갈망해왔으며, 이를 위해 피어린 투쟁을 이어왔다. 하지만 이러한 투쟁들은 분단 체제라는 벽에 부딪혀 좌절되곤 했다. 50년대 말에 있었던 진보당 사건은 말할 것도 없고, 4·19 민주혁명 이후 다양하게 펼쳐졌던 진보정당 건설 운동 역시 박정희의 반공노선에 의해 좌절되었다.

87년 6월 민주항쟁은 군부독재 체제를 무너뜨리고 한국 사회 민주주의 발전에 새로운 이정표를 만들어냈다. 한국 사회의 민주화 과정은 분단 체제와 분단 이데올로기와의 투쟁 과정이기도 했다. 87년 민주항쟁 이후 통일의 꽃 임수경, 문익환 목사의 통일 실천 활동을 비롯한 대중적 통일운동이 활성화되었으며, 분단 체제의 상징인 국가보안법 폐지 운동이 펼쳐졌다. 당시 노태우 정권조차도 국민 다수의 통일 열망을 외면하지 못해 7·7선언을 통해 반북대결 정책을 수정하기까지 했다. 이러한 대중적 통일운동이 확산되면서 분단 이데올로기의 힘과 영향력이 퇴조하기 시작했고, 이러한 분위기 속에서 합법적 진보정당이 탄생할 수 있는 가능성이 열리게 됐다. 그러한 흐름의 연장 속에서 민주노동당이 창당되었다. 민주노동당이 원내 정당으로 당당히 진출할 수 있는 단초를 만들어준 결정적 사건은 6·15 공동선언이었다. 6·15 공동선언으로 대결적 남북관계가 협력적 남북관계로 바뀌었다. 국민들 내면에 깊숙이 박혀 있던 반공·반북 의식이 무너지기 시작했고, 국민들은 자신들의 정치적·계급적 요구와 입장을 내놓고 말하기 시작했다. 진보정당 활동에 대한 본능적 거부감을 떨쳐버리고, 민주노동당을 당당히 지지할 수 있었던 것도 그 덕분이다. 그 결과 민주노동당은 창당 3년 만에 의석 10석의 원내 정당이 될 수 있었다.

민주노동당은 분단의 벽이 무너져내리는 정치적 환경의 수혜자이자 분단의 벽을 허물어가는 선구자였다. 민주노동당은 합법정당으로 활동하면서 보수독점적 정당 체제에서는 감히 꿈꿀 수도 없었던 분단 체제에 대한 정면 도전을 펼쳐갔다. 합법정치권에서는 금기시되었던 종속적 한미군사동맹 체제에 대해 지속적으로 문제제기를 했다. 주한미군의 단계적 철수를 강령으로 내세웠고, 주한미군의 범죄 행위를 규탄하는 활동을 펼쳤으며, 불평등한 한미행정협정 개정을 강력하게 촉구하는 등 자주권을 회복하기 위한 투쟁을 펼쳤다. 또한 6·15 공동선언, 10·4 선언 이행 투쟁을 일관되게 펼쳤으며, 남북 교류와 협력을 줄기차게 추진해나갔다. 6·15 공동선언의 가장 큰 수혜자인 민주노동당이 6·15 공동선언을 이행해나가기 위한 활동과 투쟁에 앞장서는 것은 응당한 도리이자 정당한 노선이었고, 진보정당의 존재 이유이기도 했다. 이러한 민주노동당의 활동은 국민 대중들의 자주통일 의식 발전에 크게 기여했다.

그런데 2007년 대선에서 남북화해·협력 세력이 패배하고, 친미 반북대결 세력이 승리하는 불행한 사태가 발생했다. MB 정권의 탄생은 단순한 여야 정권 교체가 아니라, 한반도 평화와 화해 흐름에 역행하는 역사적 퇴행 사태였고, 민주주의의 위기이자 남북관계의 위기의 전조였다. 이 위기 상황에서 본능적으로 위기감과 두려움을 느낀 세력이 민주노동당 내에 있었던 분단주의자들이다(분단주의자란 표현이 매우 낯설고 적절치 않다. 하지만 소위 진보주의자라고 자처하는 자들을 반공·반북 세력이라고 규정하기도 적절치 않아, 이렇게 표현했다). 진보운동 진영 내에서 북한이나 한반도 통일에 대해서 여러 가지 견해 차이가 존재하는 것은 이상할 것이 없다. 북한에 대해 비판적일 수도 있고, 통일 문제에 대해 소극적일 수도 있다. 자주와 통일이 진보의 유일한 잣대는 아니다. 하지만 반공·반북을 그 어떤 가치보다 중요시하고, 자주적 평화통일 세력을 공격하고, 북한에 대한 적대적 태도를 공공연히 내세우며, 반북대결 세력에게 진보정당 탄압의 명분과 논리를 제공해주는 행위를 하는 자들을 과연 진보주의자라고 말할 수 있을까? 이들은 공안 세력의 보이지 않는 협박에 질겁해 민주노동당 내에서 종북 소동을 일으키고 당내 분열을 획책해 급기야 대량 탈당 사태를 유도하는 데 성공했다. 많은 평등계열 당 활동가들이 극소수의 분열주의 세력들의 농간에 놀아나 당을 반 쪼각 내고 스스로 만든 당을 등지는 비극적 사태가 발생하였다. 이것이 2008년 2월의 집단 탈당 사태다.

이 사건은 겉으로는 진보 진영 내부의 분열처럼 보이지만 그 배후에는 공안 세력들의 무언의 협박이 있었다. 그것은 대선 무렵 분열주의 세력들이 작성한 문건에 적나라하게 나와 있다. 그 문건에는 이명박 정권하에서 공안 사건들이 빈발할 것이기 때문에 민주노동당이 오래가지 못할 것이라며, 같은 당에 있다가 도맷금으로 넘어가지 말고 종북 세력들과 단호히 결별하고 새로운 진보정당을 창당하는 것이 살아남을 수 있는 유일한 길이라는 선동이 담겨 있다. 진보정당 운동 진영이 분단 체제의 벽을 뛰어넘지 못하고 굴복한 것이 집단 탈당 사태의 본질이다. 이후 당에 남아 있던 자주평화 통일 세력들은 간난신고 끝에 당을 재건하는 데 성공하고, 2010년 지방선거에서 화려하게 부활하였다.

하지만 분단 체제 유지에 혈안이 되어 있던 공안 세력들은 새로운 음모를 획책하게 된다. 그리고 통합진보당은 지금 그들의 전략대로 풍전등화의 위기 상황에 처하게 되었다. 통합진보당이 처한 지금의 처지는 한국 사회에서 분단의 벽이 얼마나 강고한지를 보여주는 것이며, 그 벽을 넘지 못하는 한 진보정당 운동이 정상적으로 발전할 수 없다는 것을 입증하는 증거다.

하지만 위기의 원인을 외부에서만 찾는 것은 올바른 태도가 아니다. 분단의 벽에 갇히게 된 과정에 대한 주체적인 성찰이 필요하다. 아직 사건이 끝나지 않고 진행 중인 상황에서 성찰을 얘기하는 것은 섣부르며 성급한 일이며, 종합적이고 체계적인 성찰을 이끌어내기 어려울지도 모른다. 그럼에도 불구하고 지난 시기 진보정당 운동에 대한 성찰을 얘기하는 데에는 까닭이 있다. 합법 진보정당 운동의 새로운 방향과 노선을 분명히 밝혀야 할 필요가 있기 때문이다. 현재의 투쟁이 수세적 투쟁이 아니라 새로운 진보정당 운동을 개척해나가는 공세적 투쟁으로 진행되어야 통합진보당 사수 투쟁을 승리의 길로 이끌어나갈 수 있다. 지키는 투쟁이 아니라 앞으로 나아가는 투쟁을 펼치기 위해서는 새로운 진보정당 운동의 길이 분명하게 제시되어야 하며, 이를 위해서는 지난 시기 진보정당 운동에 대한 냉엄한 성찰이 필요하다. 그에 기초해서만 새로운 길을 찾을 수 있다.

성찰의 화두는 명확하다. 진보정당 운동이 나가는 길은 분단 체제와의 투쟁의 길이며, 분단의 벽을 돌파하지 못한다면 진보적 집권의 꿈도 한낱 한여름밤의 꿈에 불과하다는 것이 증명되었다. 현재 통합진보당이 위기에 처한 것은 분단의 벽을 돌파하지 못한 결과다. 그렇다면 왜 진보정당 운동이 분단 체제의 벽 안에 갇히게 되었는가? 본질적으로는 공안 세력의 탄압과 진보정당 운동 진영 내부의 분열 때문이라고 볼 수 있으며, 특히 진보정당 운동진영 내부의 일부 세력들이 공안 세력의 협박에 굴복해 벌인 분열적 행동에 그 주된 원인이 있다. 하지만 이런 평가만로는 과거의 활동에서 교훈을 찾기 어렵다. 왜 두 번씩이나 동일한 상황에 직면하게 됐으며, 일부 분열주의자들의 행동을 당원 대중들의 힘으로 극복하지 못했는가에 대한 답을 찾을 수 없다. 해답을 진보정당 운동 내부의 결함과 한계에서 찾을 때에만 실천적 교훈을 찾을 수 있고, 다시 길을 찾아 전진할 수 있다. 분단 체제 유지에 사활을 걸고 있는 공안 세력은 항상 진보정당 운동의 약한 고리를 찾아 공격한다. 그들은 그 약한 고리를 이용해 공안 사건을 조작해내고, 진보정당 운동 내부의 분열과 대립을 부추겨 진보정당 운동을 와해시키려 한다. 두 차례의 통합진보당 내분 사태는 바로 이 공식대로 진행되었다. 이러한 공식은 앞으로도 계속 적용될 것이다. 이 공식을 깨뜨릴 수 있는 비법을 찾아야 한다. 그 비법은 남북 화해협력 자주통일운동의 전면화와 대중화, 합법 진보정당 운동 내부의 단결과 단합, 민주노총 등 대중단체와의 연대 강화에 있다. 그렇다면 지금까지 진보정당 운동에서 이 세 가지 측면에서 구체적으로 어떤 문제점이 있었던가를 살펴보고, 극복 방안을 찾아야 한다.

문제의 근원은 민주노동당과 민주노총의 관계에서 발생했다.

민주노동당은 민주노총의 조직적 결의와 노동자 대중들의 헌신적 노력에 의해 창당되었다. 민주노총의 민주노동당에 대한 배타적 지지는 천군만마보다 더 값진 것이었다. 하지만 창당 이후 민주노동당은 민주노총과의 혈연적 관계를 강화·발전시켜나가려는 노력을 게을리 했고, 몇몇 상층 간부들의 정치권 진출의 창구 역할에 그쳐버렸다. 그 결과 선거 때가 되면 정치권 진출 문제를 놓고 민주노총 상층 활동가들 사이에서 이해관계의 대립과 갈등이 빈번했고, 민주노동당은 노동자 대중들의 정당이라기보다 상층 활동가들의 정파연합 정당처럼 비쳐졌다. 민주노총 내부의 정파 대립이 민주노동당 내부의 정파 대립으로 확산되었고, 민주노동당

내부의 정파 대립이 민주노총내부의 정파 대립으로 번져나 갔다. 민주노총 조합원들은 '선거 때만 되면 우리는 당을 위해 기부금 납부와 선거 활동 지원 등 몸도 돈도 다 대는데, 민주노동당이 과연 우리의 정당인가' 하는 회의를 품게 되었다. 그런 와중에도 민주노동당 내부에서는 정파 갈등이 끝없이 지속되었다. 그리고 이러한 갈등들이 결국 민주노동당의 조직적 분열로 귀결되었다.

이렇게 된 이유가 무엇일까? 진보정당 내에는 다양한 의견그룹들이 존재할 수밖에 없고, 그로 인해 정파적 대립과 갈등이 발생하는 것은 피할 수 없는 일이다. 하지만 이러한 정파적 대립과 갈등이 진보정당 발전의 생산적 자양분이 되지 못하고 파괴적인 방향으로 귀결된 것은 당 활동에 심각한 문제점이 있었기 때문이다.

한마디로 민주노총 조합원 대중들을 당 활동의 주체로 세우는 데 실패했기 때문이다. 민주노동당은 노동자 정치세력화의 기치를 들고 창당했고, 노동자 계급의 요구와 이익을 실현하기 위해 열심히 투쟁했고, 많은 성과를 거둔 것도 사실이다. 이러한 노력을 과소평가할 수는 없다. 그럼에도 불구하고 실패했다. 민주노동당과 민주노총의 정례적 협의는 형식에 그쳤고, 당과 민주노총을 연결하는 노동위원장들은 자신들의 정파적 견해와 입장을 앞세웠다. 당과 민주노총의 혈연적 연대를 강화하기 위한 헌신적인 활동이 몹시 부족했다.

더 큰 문제는 일반 조합원 대중들을 당 활동의 주인으로 세우기 위한 전략도, 노력도 거의 없었다는 점이다. 민주노총 조합원 대중들은 선거 시기가 아닌 일상적 시기에는 민주노동당의 활동에 대해 무관심했고, 민주노동당은 일선 노동조합과 조합원 대중들을 당 활동에 참여시키기 위한 사업을 게을리 했다. 민주노총 조합원 대중들의 당원 가입 사업도 잘 진행되지 못했을 뿐만 아니라, 가입된 노동자 당원들을 당 활동의 간부로 키우고 당 활동에 주체적으로 참여시키기 위한 사업도 거의 진행되지 않았다. 노동자 당원들은 심하게 말하면 페이퍼 당원, 당비만 내는 당원에 지나지 않았다. 그러다 보니 민주노총 조합원 대중들의 민주노동당에 대한 자긍심과 자부심은 날이 갈수록 약화되어갔으며, 그들은 당으로부터 점점 멀어져갔다. 그 결과 상층 차원의 비생산적인 갈등과 대립을 일선 조합원 대중들의 힘으로 억제할 수 없었으며, 점점 더 대중과 멀어진 정파적 대결만 남게 됐다. 결국 민주노동당이 강조했던 노동 중심성은 껍데기밖에 남지 않게 되었다. 민주노총의 단결과 단합을 이끌고 노동자 대중들의 정치 투쟁을 견인해 노동운동의 발전을 촉진시키려는 창당 당시의 의도는 한낱 구호로 변질되어버렸고, 민주노총 내부의 분열과 대립을 격화시켜 노동운동의 발전에 발목을 잡는 지경으로까지 이어졌다.

이 점은 민주노동당의 활동과 투쟁에서도 나타났다. 민주노동당은 창당 이후 국민 대중의 지지를 확장시키기 위해 무상교육, 무상의료, 부유세 등의 민생 복지 의제를 전면에 내걸고, 서민들의 생존권을 수호하기 위해 헌신적으로 투쟁해왔다. 이러한 헌신적 노력에 화답해 국민들은 2004년 총선에서 의석 10석의 원내 정당을 만들어줬다. 하지만 민주노총과의 사업에서는 허점이 많았다. 민주노총 조합원들이 민주노동당의 중요성과 고마움을 절감할 수 있을 만한 사업을 하지 못했던 것이다. 비정규직 철폐 투쟁, 최저임금제 투쟁 등 노동 현안에 대한 투쟁을 열심히 했던 것은 사실이다. 하지만 조합원 대중들에게 감동을 주는 활동은 펼치지 못했다. 최근 학교 비정규직 노동조합이 통합진보당과 끈끈한 관계를 맺게 된 것은, 그들에게 문제가 생겼을 때 통합진보당이 헌신적으로 앞장섰기 때문이다. 그렇기 때문에 일선 조합원 대중들조차 현재 대중들로부터 철저히 고립되어 있는 통합진보당에 대해 지지와 신뢰를 보내고 있다. 이 사례를 놓고 봐도 과거 민주노동당 시절 민주노총과의 사업에 커다란 구멍이 있었다는 것을 잘 알 수 있다. 민주노총 조합원들이 투쟁하는 곳이라면 언제든지 가장 먼저 달려가고, 끝까지 함께 투쟁하는 기풍을 세웠더라면 지금처럼 민주노총 조합원 대중들로부터 외면당하지는 않았을 것이다.

자, 다시 한 번 진보정당 내부의 정파적 대립이 불가피한 것이었던가를 생각해보자.

어떤 정당이나 조직이든 그 내부에는 다양한 의견그룹들이 존재한다. 중요한 것은 그러한 갈등이 존재하는 상황에서 조직을 단결, 단합시킬 수 있는 힘과 능력이 있느냐의 여부다. 그런데 민주노동당과 통합진보당에서는 두 차례의 커다란 조직적 분열이 발생했고, 그로 인해 당의 존립이 위태로운 상황까지 맞게 됐다. 이 분열이 누구 탓인지와는 별개로 단결과 단합을 이룩하지 못한 것은 공동의 책임이며, 당권을 맡고 있는 지도부에게 가장 큰 책임이 있다. 왜 단결하지 못했는가에 대한 뼈를 깎는 성찰 없이는 진보정당 운동의 미래는 없다.

아직까지 이 문제에 대해서는 본격적인 논의와 성찰이 이뤄지지 않고 있다. 그것은 현재 통합진보당의 합법성을 수호하기 위한 투쟁에 매진하고 있는 마당에 이러한 논의를 하는 것이 큰 도움이 되지 않는다는 판단 때문이다. 이 판단은 옳다. 그렇기 때문에 초보적인 논의를 시작하기 위한 단초를 제시하는 차원에서만 대략적인 견해를 밝혀보려 한다.

흔히 민주노동당을 정파연합 정당, 또는 활동가 정당이라고 부르는 사람이 많았다. 이렇게 부르는 것이 과학적이며 올바른가의 여부는 차치하고, 이런 얘기들이 광범하게 퍼져 있다는 것에서 교훈을 찾아야 한다. 과거 민주노동당이나 현재 통합진보당은 그 어떤 정당보다 당내 민주주의가 잘 구현되어 있다. 당 운영의 기본 원칙은 진성당원제에 의한 민주주의적 운영 원리다. 모든 당직과 공직은 진성당원의 직접 투표로 선출되며, 당의 의사결정은 대의원대회, 중앙위원회, 최고위원회를 통한 민주적 토론과 결정에 의해 이루어진다. 지금까지 우리나라에 이처럼 민주적으로 운영되는 정당은 없었다. 민주노동당과 그 뒤를 이은 통합진보당은 정당민주주의가 가장 잘 구현된 선진 정당이다.

그럼에도 불구하고 왜 정파연합 정당이라느니 활동가 정당이라는 소리를 들어야 했던 것일까? 제도적 측면에서 소수파가 배제될 수밖에 없는 선거 구조가 고착되어 있었기 때문에 당 내부의 의견그룹들이 당내 선거에 사활을 걸고 매달려 번번이 격렬한 대립이 발생할 수밖에 없었기 때문이다. 또한 보다 근본적으로는 단결과 단합을 앞세우는 입장과 원칙을 확고히 견지하지 못한 데서 모든 문제가 발생했다고 할 수 있다. 천천히 가더라도 함께 간다는 원칙을 절대 잃지 말았어야 하는데, 앞으로 전진하는 데에만 조바심을 내다 보니 장기적인 당의 발전보다는 눈앞의 당면 과제 수행에 보다 효과적인 길을 찾기에 급급했다.

가장 효과적인 길은 당의 의사결정 기구를 장악하는 데 있었고, 여기에 사활을 걸고 매달렸다. 그러니 당내 모든 선거가 격렬한 대립과 대결을 부를 수밖에 없었으며, 선거의 패자는 당의 의사결정 구조로부터 배제되고 소외될 수밖에 없었다. 균형과 공존이라는 게임의 룰은 사라지고 생사를 건 혈투가 빈번하게 발생했다. 과정이 아니라 결과만이 중시되는 풍조가 자리 잡았다. 선거에서 이긴 사람들은 절차적 민주주의를 앞세워 일방적으로 당을 운영했다. 견해와 입장이 다른 세력들을 배려하고, 서로의 견해와 입장을 조율하고 타협하려는 정치적 노력은 사라졌다. 쪽수의 논리가 모든 것을 정당화했다. 쪽수는 의사결정의 최종 수단이어야지, 만능의 보검이 되어서는 안 된다. 그런데 토론과 논의는 형식화되고, 쪽수를 앞세워 일방적으로 밀어붙이는 풍토가 지배했다. 결론이 아무리 정당한 것이었다고 해도 이런 과정을 통해 얻어진 결론은 사람들을 설득할 수 없다. 그러다 보니 힘에 의한 정치가 팽배해질 수밖에 없고, 정파적 대립이 극단으로 치달을 수밖에 없었다. 이 틈을 노려 일부 분열주의자들이 소수파들을 선동해서 당을 분열로 몰아갔던 것이다.

이런 결과를 놓고 이 분열주의자들을 규탄하는 것도 반드시 빼놓지 말아야 할 일이다. 그들의 분열적 행동을 규탄하고 단죄하지 않는다면 그런 자들의 분열적 행동이 끊임없이 되풀이될 것이고 진보정당 운동의 단결·단합이 어려워진다. 하지만 그들을 단죄하는 데 머문다면 그 역시 똑같은 결과로 귀결될 수 있다. 그들의 분열적 책동을 저지하지 못한 원인에 대한 깊은 성찰이 필요하다. 그들의 분열적 책동을 저지할 수 있는 길은 당내 단결·단합을 실현하기 위한 치열하고 헌신적인 노력뿐이다. 단결·단합을 실현하려면 희생과 헌신이 있어야 하고, 양보와 타협도 필요하다. 결론의 올바름만을 앞세우는 풍토가 극복되지 않는다면 이러한 현상이 끊임없이 반복될 수밖에 없다. 소수 분열주의자들이 당내에서 고립되어 분열적 행동을 할 수 없도록 당의 단결·단합을 실현하기 위한 치열한 노력과 헌신이 절대적으로 요구되며, 이것만이 진보정당 운동을 새롭게 전진시켜나갈 수 있는 근본적이고 유일한 힘이다.

여기에서 숙고해야 할 점이 또 하나 있다. 진보정당 운동의 노선과 이론, 전략전술의 차이를 절대화하며 도저히 단결·단합할 수 없다고 생각하는 패배주의적 관점과 입장을 극복하는 문제다. 자주계열과 평등계열의 사상적·이론적 노선 차이는 현실 정치의 영역에서는 그다지 크지 않다. 지난 시기 동안 당의 정책 활동과 투쟁 활동에서의 견해의 차이는 생각보다 작았다. 그런데 두 진영 모두에 서로의 사상과 이론의 차이만을 절대화해서 상대를 배척하려는 경향이 강했다. 이 점을 깊이 성찰해야 할 것이다.

앞에서도 강조했듯이 현재 통합진보당의 위기 상황은 분단의 벽을 넘지 못하는 한 진보정당 운동의 미래는 없다는 것을 증명해주고 있다.

진보정당 운동이 비약적으로 성장할 수 있었던 것은 6·15 공동선언과 10·4 선언 덕분이었다. 그런데 이명박 정권이

들어선 뒤 분단 세력들에 의한 6·15, 10·4 죽이기가 본격화되었다. 이러한 정세 속에서 진보정당 운동 세력들은 자주통일 투쟁을 전략적 중심 고리로 내세우고 분단 이데올로기를 혁파하는 데 모든 힘과 역량을 집중했어야 했다. 그런데 진보정당 운동 세력들은 자주통일 투쟁을 사활적으로 펼치지 않았다.

일각에서는 민주노동당이나 통합진보당이 통일을 최우선시하는 정당이어서 자주통일 투쟁에만 집중하느라 민생을 돌보지 못해 대중과 멀어진 게 아니냐고 평가하기도 한다. 하지만 그것은 전혀 사실이 아니다. 오히려 민주노동당이나 통합진보당은 자주통일 투쟁을 전략적으로 사고하고 추진하지 못했다. 북한 핵실험 등의 사안이 있을 때 논평을 낸다거나, 선거 때 통일 관련 공약을 내세우는 일 등은 전혀 중요한 것이 아니다. 진보정당이라면 국민 대중 속에서 일상적으로 자주통일 활동을 전개하고, 당원들 사이에서 자주통일 의식이 확산될 수 있도록 교육에 힘을 쏟고, 모든 평화통일 세력들과 함께 범국민적 통일 운동을 기획하고 추진해나갔어야 했다. 6·15 세력들을 폭넓게 결집시켜 대대적인 남북 대화와 교류, 화해·협력 운동을 펼쳐나갔어야 했다. 그런데 실제 민주노동당의 활동들은 선거와 민생 투쟁에 매몰되었고, 자주통일 투쟁은 소홀히 다뤄졌다. 구체적으로 당의 자주통일위원회는 점점 그 역할이 축소되어갔고, 광역시도당

내에 자주통일위원회가 설치된 곳도 극소수에 지나지 않았다. 여성위원회와 비교해보면 자주통일위원회는 당 지도부 그 누구도 관심을 두지 않는 위원회였다. 이러한 현실은 그동안 민주노동당과 통합진보당이 자주통일 사업을 얼마나 등한시했는가를 증명한다. 일선의 당 간부들은 자주통일 사업은 표가 되지 않는다는 썩어빠진 사고를 갖고 있었으며, 통신비 인하 운동에는 관심을 가져도 자주통일 사업에는 관심을 기울이지 않았다. 돌이켜보면 이명박 정권 초기 비핵개방 3000을 내세우며 '6·15, 10·4 죽이기'에 나서기 시작했을 초기 단계에 6·15 공동선언을 지지하는 정당·사회단체들을 폭넓게 결집시켜 대대적인 정치 전선을 형성했더라면 상황은 크게 달라졌을 것이며, 국민 대중의 힘으로 분단의 벽을 허물고 자주통일 운동을 한 단계 더 전진시켜나갈 수 있지 않았을까 판단된다.

결론적으로 그간 진보정당 운동의 내부적 결함과 한계는 첫째 노동운동과의 전략적 협력 관계를 상승·발전시키는 데 실패했고, 노동자 당원들을 확대하고, 당 활동의 핵심 주체로 참여시키는 사업에서 커다란 진전을 이룩하지 못함으로써 노동자 대중 속에 깊이 뿌리내지 못했으며, 둘째 당 운영에서 단결·단합 노선을 앞세우지 못하고 쪽수제일주의에 기초한 절차적 민주주의의 한계에 봉착함으로써 당내 대립과 갈등이 격화되어 극소수 분열주의자들의 농간에 휘말리는 분열 사태를 빚었고, 셋째 분단의 벽을 허물기 위한 자주통일 운동을 전략적으로 펼치지 못했다는 데 있다.

7장
다시, 부활을 꿈꾸다

한국 진보정당 운동은 통합진보당 강제해산 시도로 인해 생사존망을 다투는 위기를 맞고 있다. 하지만 진보정당은 노동자·농민 등 한국 민중의 요구와 지향의 산물이며, 역사와 시대가 절박하게 요청한 결과다. 또한 진보정당은 민주주의 발전의 희망이고, 정당민주주의의 꽃이다. 진보정당의 발전이 곧 정당민주주의의 발전이며, 진보정당 운동이 죽는다면 정당민주주의 역시 사망하게 될 것이다. 현재 펼쳐지고 있는 한국 정치상이 이를 증명하고 있다. 진보정당이 제 역할을 하지 못하자, 중도 세력들의 정치 결집체인 새정치민주연합이 표류하고 있다. 대중의 요구를 모두 받아 안지 못해 국민들로부터 불신과 비판을 받고 있는 것이다. 중도 세력인 그들의 정치적·계급적 한계는 뚜렷하다. 진보정당의 힘과 능력이 결합되어야만 야권이 제대로 설 수 있으며,

민주적 정권 교체와 평화적 통일 실현의 길도 열릴 것이다.

숱한 시련을 겪으면서도 민중들의 피맺힌 투쟁을 통해 여기까지 걸어온 진보정당은 절대 쓰러지지 않을 것이다. 일시적인 난관과 위기는 있을 수 있지만, 결국 진보정당은 찬란한 부활의 날개를 펼쳐 올릴 것이다. 하지만 부활의 길은 결코 저절로 열리지 않을 것이며, 우리는 그 길로 가기 위해 수많은 난관을 돌파해야 한다. 그러기 위해 무엇보다 중요한 것이 올바른 원칙과 입장, 전략과 전술을 세우고, 굳건하고 헌신적인 노력을 기울이는 것이다. 이를 위해 몇 가지 견해를 제시해보고자 한다.

첫째, 지금까지의 진보정당 운동의 성과를 올곧게 계승·발전시켜야 한다. 민주노동당과 통합진보당은 수많은 한계와 결함이 있었지만, 또 그만큼 많은 성과와 업적을 쌓았다. 무상교육, 무상의료, 부유세 등의 민생복지 정책을 제시해 국민 대중들의 복지를 향상시키는 데 혁혁한 공헌을 쌓았다. 통합진보당이 제시한 제반 정책들은 처음에는 당위적 정책으로 매도되었으나, 지금은 모든 정당들이 통합진보당의 정책 베끼기에 여념이 없다. 복지 아젠다가 시대의 대세가 된 것은 전적으로 통합진보당의 선도적 노력 때문이다.

또한 진성당원제를 철저히 구현해 모든 당직과 공직을 당원들의 직접 투표로 선출했으며, 여성의 정치 참여를 높이기 위해 여성할당제를 시행했고, 독일식 정당명부 비례대표제를 제시해 정당정치 발전의 초석을 닦았다. 그리고 10만 명의 당원과 수만 명에 달하는 진성당원을 확보해 진보정치의 조직적 토대와 역량을 비약적으로 강화·발전시켰다.

또한 원내 진출 이후 모범적인 의정 활동으로 의정 활동의 모범을 만들어냈으며, 수많은 지방의원들이 배출되어 지방자치를 발전시키는 데 있어 선도적 역할을 담당하고 있다. 뿐만 아니라 민주노동당과 통합진보당은 한반도의 평화와 통일을 앞당기기 위해 헌신적인 노력을 기울여온 자주적 평화통일 정당이다. 그리고 야권연대를 선도해 진보·개혁 세력들의 연합에도 앞장섰으며, 정책 정당, 수권 정당으로서의 면모도 갖추어나가고 있는 중이었다.

이러한 성과와 업적들을 유실시키지 않고 계승·발전시켜 나가는 것, 이것이 향후 진보정당 운동의 부활과 발전을 위해 가장 우선시되는 과제다. 물론 지금까지 나타났던 결함과 한계 또한 작지 않다. 그러나 이러한 결함과 한계를 지나치게 확대해 지금까지의 진보정당 운동의 역사와 성과를 부정하고 백지화시키려는 생각과 시도는 진보정당 운동에도, 한국 민중에게도, 우리 역사에도 아무런 도움이 되지 않는다. 지금까지 축적해온 성과에 기초하지 않고서 진보정당 운동의 부활과 비약은 현실적으로 불가능하다. 지금까지의 노선과 성과를 계승·발전시켜나가는 데에 있어서 가장 시급한 일은 통합진보당에 대한 분단 세력, 공안 세력들의 탄압

공세에 맞서 전체 진보운동 진영이 함께 싸워나가는 것이다. 통합진보당 사수 없이 진보정당 운동의 내일은 없다는 것을 명심하고, 사즉생의 결심으로 통합진보당 사수 투쟁을 힘있게 벌여나가야 한다.

둘째, 노동 중심성을 확고히 구현해나가야 한다. 한국 진보정당 운동은 민주노동 운동의 성장과 발전에 기반을 두었으며, 민주노총의 노동자 정치세력화 방침에 의해 합법적 진보정당이 되고 원내 정당이 될 수 있었다. 앞서 평가했듯이 노동 중심성을 올바로 구현하고 강화·발전시켜나가는 데 있어 한계와 결함이 있었고, 이것이 진보정당 운동이 정치적 위기를 맞게 된 중요한 요인으로 작용했던 것이다.

향후 진보정당의 미래는 노동 중심성을 어떻게 구현하느냐에 달려 있다. 노동자 당원 확대, 노동자 당원의 간부화 실현, 당 운동과 노동조합 운동의 전략적 협력 체제 구축, 노동자의 생활과 노동운동의 권리를 당이 책임지는 당 활동, 민주노총의 배타적 지지 복원 등이 당면 과제다.

그러나 무엇보다도 중요한 것은 민주노총 조합원 대중 사이에 확산되어 있는 진보정당 운동에 대한 불신과 패배주의를 어떻게 극복하느냐 하는 문제다. 이 불신과 패배주의는 겉보기에는 민주노총 내부 상층의 분열, 진보정당 운동의 분열 때문인 것처럼 보인다. 물론 이러한 요인들이 매우 중요한 작용을 하고 있다는 점을 부인할 수 없다. 하지만 이러한 요인들 때문만이라 단정 짓고 해결책을 찾으려 한다면 올바른 처방전을 찾을 수 없다. 이런 표면적 이유를 넘어 더 깊숙이 파고 들어가보면, 지금 통합진보당이 민주노총 조합원들에게 신뢰를 받지 못하고 있는 현실은 당 운동과 노동운동을 피와 살을 나누는 관계로 발전시키려는 치열한 활동을 벌이지 못한 결과다. 이 점이 핵심이다. 민주노총 조합원들 사이에는 자신들의 결심으로 당을 만들었는데, 당으로부터 소외되었다는 인식이 팽배하다. 이 점 때문에 당 운동에 대한 관심과 열정이 약화되었고, 상층 차원의 대립과 분열을 조합원 대중의 힘으로 막아낼 수 없었다. 당 운동과 노동운동의 전략적 협력 체제를 다시 구축하기 위해서는 상층 차원의 단결과 노력도 필요하지만, 급선무는 하층 조합원 대중들 사이에서 진보정당 운동에 대한 새로운 확신과 믿음을 불러일으키기 위한 전략적 대책을 세우는 일이다. 그리고 이를 흔들림 없이 실천해나가야 한다. 일선 조합원 대중들을 당 운동의 주체로 세우고 간부화하기 위한 사업을 전략적으로 추진해나가야 한다. 또한 노동조합과 당이 한몸처럼 움직이는 아래로부터의 전략적 협력 관계를 재구축해나가야 한다. 이를 통해 일선 노동조합 조합원 대중들로부터 '우리의 당'이라는 믿음과 신뢰를 회복하고, 조합원 대중들을 당 운동의 적극적 지지자이자 참여자로 돌려세워야 한다.

이 과제를 해결하기 위해서 어디에서부터 돌파구를 열어

나가야 할까? 비정규직 노동자에게 눈을 돌려야 할 것이다. 현재 비정규직 문제는 노동운동의 핵심 의제이며, 비정규직 노동자 대중들이 노동운동의 미래다. 비정규직 노동운동이야말로 민주노조 운동이 현재 부딪히고 있는 전투성과 계급성의 약화 현상 문제를 해결하고, 원래의 뜻과 목적에 맞게 민주노조 운동을 혁신시킬 수 있는 기본 동력이다. 따라서 진보정당 운동 역시 비정규직 노동운동에 초점을 맞춰 노동중심성을 구현해나가야 한다. 당이 앞장서서 비정규직 노동조합 건설 투쟁을 펼쳐나가고, 비정규직 노동 현안 해결을 가장 중시하며, 비정규직 노조 조합원들을 당원으로 가입시키는 사업을 전략적으로 추진해나가야 한다. 그리고 비정규직 노동조합과의 전략적 협력 관계를 지역 차원에서부터 구축해나가야 한다. 이와 함께 기존 노동자 당원들을 당활동의 주역으로 내세우고, 일선 노동조합과의 전략적 협력관계를 회복하기 위한 사업도 병행해나가야 하며, 중앙차원에서는 상층 차원의 당과 민주노총관계를 회복하고 전략적 협력관계로 발전시켜 나가기 위한 노력을 완강하게 벌여나가야 한다.

셋째, 분단 체제를 돌파해나가야 한다. 분단 체제 극복 없이는 진보정당도 없다는 것이 최근 진보정당 운동의 위기 상황에서 얻은 피어린 교훈이다. 이른바 '헌법 안의 진보'라는 말이 유행하는데, 합법정당 운동은 원래 현재의 헌법 체제를 인정하고 존중한 기초 위에서 출발했기 때문에 '헌법 안의 진보'라는 말은 어불성설이다. 그 말은 지금까지의 진보정당 운동은 헌법을 부정하고 헌법 밖의 진보를 추구했다는 말이 아닌가. 지금까지 진보정당 운동은 헌법을 부정하거나 헌법 밖의 진보를 추구한 적이 없다. 일부에서 주장하는 '헌법 안의 진보'라는 말은 분단 세력들의 공갈협박, 종북 매카시즘에 굴복한 자들의 궁색한 넋두리이며, 분단 질서에 굴종하는 항복 선언에 불과하다.

진보정당 운동은 분단 체제와 양립할 수 없다. 분단 질서에 안주하는 순간 진보정당으로서의 생명은 사라지게 된다. 진보정당은 어떠한 경우라도 분단 체제를 용인해서는 안 된다. 분단 체제의 가장 큰 희생양은 노동자·농민 등 이 땅의 민중들이다. 이 땅의 민중들은 지난 수십 년 동안 분단의 굴레에 묶여 모든 기본권을 빼앗기고, 저임금·저곡가의 늪에 빠져 초보적인 생존마저도 위협당해왔다. 분단 체제가 지속되는 한 노동자들의 기본 권리인 노동3권도 제대로 보장될 수 없다. 민중들의 인간다운 삶을 파괴하고 옥죄는 분단 체제를 깨부수고 평화와 화해, 협력의 새로운 통일 세상을 앞당기는 것이야말로 노동자·농민 등 민중의 편에 서서 싸우는 진보정당의 핵심적 과업이다. 이 과업을 포기하고서, 그 어떤 명목으로 민중의 편에 서서 싸우고 그들의 요구와 이익을 대표하고 대변하겠다는 말인가? 진보정당은 분단 세력들의 종북 공세에 굴복하거나 타협하려 하지 말고 목숨을 내던져 국민들과 함께 맞서 싸워나가야 한다.

절대다수 국민 대중들은 우리 편이다. 그 누구도 분단 체제를 지지하지 않는다. 지금은 분단 세력들의 공세에 위축되거나 통합진보당에 대한 거짓 선전에 속고 있는 사람들이 많지만, 역사와 진리는 우리 편이라는 확고한 믿음을 잃지 말고, 분단 체제와 정면승부를 해야 한다. 지난날 진보정당이 '분단 체제 허물기 투쟁'을 소홀히 했던 점을 반성하고, 용감하게 싸워나가야 한다. 이때 잊지 말아야 할 것이 '국민 대중과 함께' 정신이다. 아무리 좋은 것이어도 국민 대중에게 지지를 받지 못한다면 강가의 조약돌보다 못하다. 첫째도 둘째도 국민 대중과 함께하겠다는 정신에 철저히 입각해서 분단의 장벽을 허물어뜨리기 위한 걸음을 시작해야 한다. 그렇지 못했기 때문에 분단·공안 세력들의 어처구니없는 모함과 조작에 국민 대중들이 현혹되어 통합진보당에 대한 오해와 불신을 갖게 된 것이다. 타협과 굴종을 배격하되, 국민 대중들과 함께 분단 체제와 정면으로 맞서 싸워나가, 자주통일 정당, 평화 정당으로서 국민 대중의 지지와 신뢰를 회복해야 한다.

넷째, 민생을 앞세우는 정치를 일관되게 펼쳐나가야 한다. 진보정당은 노동자·농민 등 민중들의 삶을 지키기 위해 존재하는 것이다. 어떠한 이유에서건 민중들의 삶을 지키기 위한 활동에서 조금이라도 멀어지게 되면, 민중들로부터 외면당하고 진보정당으로서의 생명력과 존재 이유가 사라지게 된다. '민생이 제일.' 이것이 진보정당이 들고 나가야 할 제1기치다.

우리의 현실은 매우 엄혹하다. 신자유주의의 광풍이 휩쓸고 지나간 우리나라의 경제 상황은 말 그대로 폐허다. 경제적·사회적 양극화가 점점 심해지고 있으며, 비정규직 문제는 풀릴 기미조차 보이지 않으며, 청년실업 문제 역시 해결이 요원하다. 농민과 농촌의 황폐화는 더욱 가속화되고 있다. 일본식 장기 불황 구조로 한국 경제가 빨려들어가는 게 아니냐는 우려도 현실화되고 있다. 이러한 최악의 상황에서 진보정당이 아니라면 누가 민생을 책임질 수 있겠는가? 진보정당이 국민 대중의 지지를 회복하기 위해서는 그 전보다 더욱 희생적이고 헌신적으로 민생을 지키지 위한 당 활동을 강화해야 한다. 뿐만 아니라 민생기본권을 보장하기 위한 새로운 정책 대안을 제시해야 한다. 교육권, 의료권에 대한 보장 단계에서 더 나아가 주거권, 노동권(일자리 문제), 노후권(노후생활 보장)을 보장하기 위한 정책적 대안을 만들고 그것을 관철시키기 위해 투쟁해야 한다. 또한 국민들이 기본적인 필수 공공재인 전기, 가스, 물을 안정적으로 보장받을 수 있게 해야 한다.

다섯째, 진보정치 세력의 재통합을 이루어야 한다. 진보정치 세력 대통합은 항상 당위적으로 거론되는 단골 메뉴다. 진보정치 세력 대통합이라는 대의에 누가 반대할 수 있겠는가? 그렇지만 지금 진보정치 세력의 분열은 그 어느 때보다도 심각하다. 한 줌도 되지 않는 세력이 갈가리 나뉘어 있다. 이래 가지고는 노동자·민중의 이해와 요구를 올바로 대변하기 어려울 뿐 아니라 집권의 꿈을 꿀 수 없다. 통합진보당이 현재의 생사존망의 위기 상황에서 벗어나는 길 역시 진보정치 세력 대통합에 있다.

하지만 현재 진보정치 세력들의 구체적 상황을 보면 진보정치 세력 대통합은 거의 실현 불가능한 과제처럼 보인다. 이런 불가능한 과제를 실현하려고 노력하는 것이 과연 옳은 일일까? 그러려면 무엇을 어떻게 해야 할까? 이러한 질문에 대한 해답을 찾아야 한다. '어차피 되지도 않을 일, 각자 자신의 길을 열심히 가다 보면 언제가 기회가 오겠지' 라는 생각이 들지도 모른다. 혹자는 상층 차원의 연대에 연연하는 것은 자기 대중을 믿지 못하는 그릇된 사상관점을 갖고 있다고 비난하기도 한다. 이러한 현실에서 당위적 사고를 뛰어넘어 '왜 진보정치 세력 대통합을 반드시 해야 하는가?' 에 대한 분명한 입장과 태도를 확립해야 한다.

이를 위해서는 진보정치 세력 대통합을 상층 연대로 보는 데서 탈피해야 한다. 상층 연대 문제로 접근하게 되면 정치공학적·기술적·실무적 관점과 입장이 스며들게 되며, 세력

관계 문제로 보여, 실현 가능성에 대한 패배주의에 빠지기 쉽다. 상층 연대의 문제가 아니라면 어떤 문제인가? 그것은 진보정당 운동의 근본 원칙이며, 기본 노선의 문제다. 왜 그러한가? 진보정당 운동은 노동자·민중들의 대중적 단결 없이는 한 발도 전진할 수 없으며, 노동자·민중의 힘에 의해서 전진하게 된다. 그렇기 때문에 노동자·민중을 대중적으로 단결·단합시키는 문제는 진보정당 운동의 생명선과 같다. 진보정당은 대중적 단결 실현을 근본 원칙으로 삼고 이것을 당 활동의 기본 노선으로 내세워야 한다. 그런데 진보정치 세력 대통합 없이는 노동자·민중의 대중적 단결을 실현할 수 없다. 상층의 분열은 대중적 분열에 기생한다. 대중적 단결이 이루어지면 상층 차원의 분열은 쉽사리 극복된다. 따라서 현재의 분열을 단순히 상층 차원의 분열로 봐서는 안 된다. 그것은 단순한 상층 분열 문제가 아니라, 대중적 분열 문제다. 다시 한 번 강조하건대 진보정치 세력 대통합 문제는 분열되어 있는 대중들을 통일·단결시키는 사업이며, 진보정당의 전진을 위해서는 반드시 이루어야 할 과제다.

또한 진보정치 세력의 대통합은 노동 중심의 원칙을 앞세워야 한다. 지난 시기 진보정당은 노동의 힘에 의해서 창당되고 발전해올 수 있었다. 현재의 분열 문제 역시 노동의 힘에 의해서만 해결될 수 있다. 노동이 앞장서고 제 진보정당이 참여하는 방식만이 해답이다. 따라서 진보정치대통합은 본질적으로 노동 중심의 진보대통합이 되어야 한다.

진보정치 세력 대통합은 구호로 이루어지는 게 아니다. 그것은 과학적인 전략·전술하에서의 완강하고 인내력 있는 실천 활동을 필요로 한다. 진보정치 세력 대통합은 노동 중심의 원칙, 대중 사업 우선의 원칙, 주체 혁신 우선의 원칙, 신뢰 구축 우선의 원칙, 공동실천을 통한 단결 우선의 원칙에 입각해서 추진되어야 한다. 통합진보당은 당면 당 사수 투쟁을 승리로 이끌어낸 후 진보정치 세력 분열의 원인에 대한 주체적 평가에 기초해서, 진보정치 세력 대통합을 이끌어나갈 지도 체제와 정치 노선을 재정비해야 한다. 여기에서의 초점은 진보정치 세력 대통합의 목표에 걸맞은 당의 정치 노선과 운영 방식, 활동 방식을 정확히 설정하는 문제다. 모든 진보적 정치 세력들을 단결·단합시킬 수 있는 정치적 기치를 내세워야 한다. 그리고 그간 나타났던 운영상의 문제점들이 개선되어야 한다. 이를 위해 단결과 단합을 중시하고, 다양한 세력들의 주체적 참여를 보장할 수 있는 당 운영 제도 개선이 있어야 한다. 또한 인적 태세를 새롭게 구축해야 한다. 그리고 새로운 시대를 개척해나갈 수 있는 당 활동 방식의 모범을 새롭게 세워야 한다. 노동 중심성 구현을 중심 기치를 내걸고 노동자·농민·대중 속으로 깊이 들어가 당의 대중적 지지 기반을 확장하고, 대중적 통일·단결을 실현해나가기 위한 활동에서 모범을 세워야 한다. 노동자·농민들의 투쟁 현장에 함께하는 것을 체질화하고, 노동조합, 농민회와 당의 전략적 협력 관계를 튼튼히 구축해야 한다. 진보정치 세력 대통합은 바로 여기에서 승부가 난다. 노동자·농민의 지지와 신뢰를 다시 받으면 승리하고, 외면당하면 패배한다.

상층 차원에서는 진보정치 세력 대통합에 유리한 환경과 조건을 만들어내기 위한 활동을 적극적으로 벌여나가야 한다. 현재 상층 차원에서의 분열은 매우 심각하며, 통합진보당에 대한 부정적 인식이 매우 폭넓게 확산되어 있다. 부정적 인식의 배후에는 공안 세력의 분열공작이 있고, 통합진보당에 대한 터무니없는 오해가 있다. 그렇지만 단순히 오해라고 치부하고 넘어가서는 결코 이를 해결할 수 없다. 오해라 하더라도 그 뿌리는 통합진보당 자체의 내부 문제로부터 파생된 것일 수밖에 없다. 오해라고 치부하거나 해명하는 식으로 문제가 해결되지 않는다. 부정적 인식과 고립으로부터 탈피하려면 뼈를 깎는 자기 성찰과 혁신의 노력이 필요하다. 성찰과 혁신의 핵심 지점은 어디인가? 모든 문제 발생의 원인은 지금까지 단결에 생사를 걸지 않았기 때문이다. 단결보다는 분파 세력에 대한 투쟁을 더 앞세워왔던 것이 사실이다. 상대편을 분파 세력으로 몰아붙이는 경향이 굉장히 강했다. 단결 없이 전진 없다는 것을 철칙으로 내세우고 단결 실현을 가장 핵심적인 가치와 원칙으로 삼아야 하는데, 지금까지 우리에겐 그런 노력이 부족했다. 그래서 우리가 패권주의에 젖어 있다는 비판을 받게 된 것이 아니던가. 이 비판이 올바른가의 여부와는 상관 없이, 우리가 단결 실현을 위해 헌신하고 노력했다면 결코 이런 평가를 받지 않았을 것이다. 단결이 생명이라면 그에 걸맞은 희생과 양보, 노력과 실천이 있었어야 했는데, 그러지 못했다. 이 점을 명확히 인식하고 성찰하지 않는다면, 진보정당 운동 세력을 분열시키려는 지배 세력의 음모가 지속적으로 진행되는 상황에서 진보정당 운동의 단결이 유지될 수도 없고 발전할 수도 없을 것이다. 그들의 분열 공작을 단결 노선으로 혁파해 나가야 한다. 이러한 노력에 기초해서만 진보정치 세력의 대통합이 현실화될 수 있다.

우리의 진보정당은 일시적 어려움을 겪고 있지만, 이를 극복하고 반드시 거대한 함성으로 부활할 것이다. 이를 위해서는 진보정당 운동에 대한 새로운 확신과 신념을 갖고, 성과의 계승 발전, 노동 중심성 구현, 분단 세력과의 비타협적 투쟁 노선 견지, 민생 제일 노선 견지, 진보정치 세력 대통합이라는 과제를 실현하기 위해 헌신적으로 활동하고 투쟁해야 한다.

| 에필로그 |

이미 법원에서는 이석기 내란음모 사건의 근거가 부족하다는 결론을 내렸다. 그런데도 아직 헌법재판소에서는 통합진보당 해산심판 청구 사건의 재판이 진행되고 있다. 헌법재판소는 심각한 갈등을 겪고 있을 것이다. 공안 세력들의 강압에 굴복할 것이냐, 헌법재판소의 명예를 수호할 것이냐. 그들은 둘 중 하나를 선택해야 하는 상황에 처해 있다. 상식적으로 이석기 내란음모 사건 때문에 정당해산 청구를 했으니 내란음모가 무죄 판결을 받았으므로 정당해산 청구는 원인 무효로 즉각 기각되어야 마땅하다. 아니, 법무부 측이 청구 자체를 취하해야 한다. 그런데 법무부 측은 해괴한 논리를 동원해 정당해산 재판을 계속 진행하려 하고 있다. 하지만 그러면 그럴수록 통합진보당 탄압의 진면목만 스스로 드러내 보일 뿐이다.

그러나 통합진보당의 앞날은 험하기만 하다. 보수·지배 세력의 탄압이 극에 달하고 있고, 지난 2년 동안 공안 세력의 교묘한 음모에 의해 통합진보당은 커다란 상처를 입었다. 그리고 그 상처가 남긴 상흔은 아직도 아프게 남아 있다. 통합진보당의 정치적 위신은 추락할 대로 추락했으며, 진보정당 운동 세력들은 서로에 대한 깊은 오해와 불신을 안은 채로 분열된 상태에서 벗어나지 못하고 있다. 통합진보당을 정치 무대에서 영원히 퇴출시켜야 한다는 논리가 횡행하고 있고, 통합진보당에 곱지 않은 시선을 보내는 대중들도 무수히 많다.

하지만 잃은 것만큼 얻은 것도 있다. 통합진보당은 그 무시무시한 탄압 속에서 더욱 단단해졌으며, 내적 성장과 발전을 이룩했다. 민중이 주인 되는 참세상, 노동자·농민의 새로운 사회를 향한 합법적 진보정당 운동 노선의 정당성과 신념을 더욱 단단히 하였으며, 외부로부터의 탄압과 고립 속에서 똘똘뭉칠 수 있었다. 또한 한반도 분단 체제의 해체 없이 진보정당 운동의 미래가 없다는 진리를 새삼 자각하는 계기를 갖게 됐다. 향후 진보정당 운동의 새로운 원칙과 노선에 대한 인식도 더욱 깊어지고, 진보정치 세력의 단합의 방향과 방도도 새롭게 인식할 수 있었다.

친일·분단 세력들의 진보정당 탄압은 통합진보당 와해 전략으로 끝나지 않을 것이다. 어둠의 세력들은 밝은 대낮

이 다가오는 것이 두려워, 무너져가는 분단 체제를 꼭 붙들고 놓지 않으려 할 것이며, 새벽을 밝히려는 진보정당을 무너뜨리기 위해서 끊임없이 음모를 꾸밀 것이다. 향후 진보정치 세력의 단결과 재통합을 온갖 수단과 방법을 다 동원해 방해하려 할 것이며, 통합진보당 와해 공작보다 더욱더 혹독한 제2, 제3의 탄압 사건을 일으키려 할 것이다.

하지만 그들도 역사와 민중의 거센 전진의 힘을 막을 수는 없다. 분단 체제는 이미 무너져내리고 있으며, 보수적 특권 체제에 대한 대중들의 분노와 저항은 이미 막을 수 없는 단계로까지 발전해가고 있다. 세월호 사태에서 나타난 국민들의 거센 분노와 저항의 목소리는 결코 일시적이거나 우연한 현상이 아니라, 무너지고 있는 구체제에 대한 민중들의 각성과 분노를 담은 것이다. 이 힘은 거대한 민중들의 함성으로 모아지면서 분단 체제와 기득권 체제를 허무는 거대한 태풍으로 우리 사회를 휩쓸고 지나갈 것이며, 그 태풍은 온갖 낡은 것들을 다 쓸어내버릴 것이다. 그 위에 민중들이 염원하는 민주주의의 새로운 시대, 자주와 통일의 새로운 시대가 열릴 것이다. 그리고 한국의 진보정당 운동 세력들은 지난날의 활동에서 교훈을 찾을 것이다. 그리하여 빠른 시일 내에 그 어떤 탄압에도 흔들리지 않는 노동 중심의 진보대통합당을 건설할 것이며, 새시대를 열어나가는 선봉 부대로서의 자기의 역사적 소명을 다할 것이다.